मंच-मचान

मंच-मचान

अशोक चक्रधर

वाणी प्रकाशन

वाणी प्रकाशन का 'लोगो'
विख्यात चित्रकार मक़बूल फ़िदा हुसेन की
कूची से

ISBN : 978-93-5229-222-6

वाणी प्रकाशन
21-ए, दरियागंज, नयी दिल्ली-110002
द्वारा प्रकाशित

फोन : 0091#11#23273167, 23275710
फैक्स : 0091#11#23275710
ई-मेल : vaniprakashan@gmail.com
vani_prakashan@yahoo.com
वेबसाइट : www.vaniprakashan.com

प्रथम संस्करण : 2006
द्वितीय आवृत्ति संस्करण : 2009

मूल्य : 125.00

जय भारत प्रिंटिंग प्रेस, शाहदरा, दिल्ली-110032
द्वारा मुद्रित

MANCH-MACHAAN
by : Ashok Chakradhar

प्रिय अनुराग

और

स्नेहा

के लिए

अनुक्रम

एक होता है शब्द, एक होती है परंपरा

वाचिक, एक होता है और एक होती है। जो होता है, वह है शब्द और जो होती है वो है एक परंपरा। यानी, होता है–वाचिक शब्द और होती है–वाचिक परंपरा। मैं 'होता है' और 'होती है' के बीच में गोता लगाना चाहता हूं। किसी तोते की तरह मचान पर बैठकर, जहां से मुझे वाचिक शब्द दिखाई दे और सुनाई दे वाचिक परंपरा। वाचिक परंपरा को जब मैं देखता हूं, तो कुछ अलग तरह से। कुछ अलग तरह से इसलिए कि मेरी शुरूआत ही वाचिक परंपरा से हुई। मेरा बचपन वाचिक परंपरा की नदी के किनारे किलोल करता रहा। फिर करीब एक दशक तक यानी 1968 से 1978 तक वाचिक परंपरा को दूर से देखा और उस दौरान मैं उत्तरार्ध, क्यों, ओर, वाम, पहल समेत अनेक पत्र-पत्रिकाओं में छपने वाला कवि बन गया। फिर लौटा वाचिक परंपरा की ओर।

वाचिक परंपरा का महत्व

वाचिक परंपरा को समझना इस देश की उस श्रुति परंपरा को जानना है, जिसके सहारे तमाम वेद, मानस समेत तमाम कथाएं और मिथक-मथी सामाजिक व्यथाएं कंठ दर कंठ, कर्ण दर कर्ण यात्राएं करती हुई हम तक आती हैं। वाचिक परंपरा इस देश के मूल मिजाज़ में है। जब भी हमारे घरों में सुखद कुछ होता था तो मानस पाठ या सत्यनारायण की कथा रखी जाती थी। सामूहिक रूप से लोग बैठते थे, सुनते थे। इस तरह सामूहिकता का एक अनुभव वाचिक परंपरा से जुड़ता है। यह अनुभव ही वाचिक परंपरा की ताकत है। परंपरा जितनी पुरानी है उतनी नई भी।

आज आई आई टी, ऑल इंडिया इंस्टीट्यूट ऑफ मेडिकल साइंसेज़, जामिया हमदर्द या दिल्ली इंजीनियरिंग कॉलेज के विशुद्ध अंगरेज़ीदां छात्र-छात्राओं के बीच कविसम्मेलनों के प्रति ज़ोरदार आकर्षण देखता हूं, तो फिर-फिर इस वाचिक परंपरा

की ताकत को रेखांकित करता हूं। वाचिक परंपरा से चार दशक से अधिक समय तक जुड़े रहने के बाद मैं यह कह सकता हूं कि हमारे समय और समाज के तापमान को नापने के बैरोमीटर हैं हमारे कविसम्मेलन। कविसम्मेलन में क्या पसंद किया जा रहा है, इससे समाज के बदलते मूड का पता लगाया जा सकता है।

समय और समाज का बदलता मूड

आगे होने वाली बातचीत के ज़रिए मैं समय और समाज के बदलते हुए मूड को मंच की मचान से पकड़ने की कोशिश करूंगा। मैं अपने और कविसम्मेलनों के अतीत पर निगाह डालता हूं तो मैं अशोक नामक एक बालक को हाफ पैंट बनियान पहने हुए घर के एक कमरे के दरवाज़े के बाहर कान लगाकर कुछ सुनते हुए पाता हूं। अंदर उसके कवि पिता श्री राधेश्याम 'प्रगल्भ' कुछ कवियों से, विद्वानों से काव्य-चर्चा कर रहे हैं। यह बात रही होगी 1958-59 की, और बालक रहा होगा सात-आठ साल का।

अंदर आदरणीय नीरजजी हैं, मुकुटबिहारी सरोज हैं, वीरेन्द्र मिश्र हैं, आनंद मिश्र हैं, शिशुपाल सिंह शिशु हैं, शिशुपाल सिंह निर्धन हैं। सब अपनी-अपनी तरह से जुटे हुए हैं। बीड़ी सिगरेट और दिलों से उठने वाला धुंआ है। शाम को कविसम्मेलन होना है। लेकिन हमारे घर में होनी है उनकी ख़ातिरदारी। कवि लोग तब सीधे मंच पर नहीं पहुंचते थे। जिस शहर में कविसम्मेलन हो रहा है, वहां के आत्मीयों-अंतरंगों के घर पहले पहुंचते थे। आत्मीयता का एक सिलसिला होता था। सबमें अपना-अपना नया रचा हुआ सुनाने की होड़ रहती थी।

सबका अपना-अपना अंदाज़

वो बालक हाफ-पैंट पहने हुए, जो निश्चय ही ख़ाकी नहीं होती थी, कवियों की सेवा-टहल करने के मौके तलाशता रहता था। कमरे के दरवाज़े से कान लगाकर सुनता रहता था। अंदर बातचीत में सुनाई देते थे कुछ गीत, जिनमें गांव के सौंदर्य का गुणगान होता था, इस बात का गर्व होता था कि हम गांव के हैं। एक गीत शिशुपाल सिंह निर्धन जी गाते थे-'हम हैं रहबइया भइया गांव के, फूंस की मढ़इया और बरगद की छांव के।' मेरे पिता श्री निर्धन को छोटे भाई की तरह मानते थे। सोहनलाल द्विवेदी अपनी कविता सुना रहे हैं, जिसमें गांधी जी के दो चरणों के पीछे पूरा भारत चला जा रहा है।

शाम की तैयारी है। शाम को कविसम्मेलन में सबको अपना-अपना खोंमचा लगाना है, स्वर का, शब्द का। सोम जी नया गीत लिखकर लाए हैं-

'सागर चरण पखारै, गंगा शीश चढ़ावै नीर, मेरे भारत की माटी है चंदन और अबीर।'

कोई अपना मफ़लर भूल आया है, तो किसी दूसरे से मांग रहा है। कोई किसी के कुरते पर मुग्ध है, तो उसने अपना कुरता ही दे दिया है। लोग कुरता बदल रहे हैं, टोपी बदल रहे हैं, मफ़लर बदल रहे हैं, लेकिन कविता नहीं बदल रहे। गीत नहीं बदल रहे। सबका अपना अंदाज़ है। जिसके पास जो फन है, जिसके पास जो पन है, उसके प्रति आदर का एक भरपूर भाव है।

बच्चनजी से सब प्रभावित थे। गोपाल सिंह नेपाली से सब प्रभावित थे। नेपालीजी की भाषा एक अलग पन और अंदाज़ लिए हुए होती थी। सो उस निक्कर वाले बालक ने सात से दस साल की उम्र के बीच बहुत कविताएं सुनीं, ढेर सारे गीत सुने। उस दौर में गांधीवाद ही मुख्य स्वर था। आज़ादी-प्राप्ति का व्यापक आह्लाद था। मोहभंग अगर हुआ था, तो प्रगतिशील कविता के कवियों का हुआ, जिन्हें वाचिक परंपरा से मोह ही नहीं था। उनके गीत तो हड़तालों, रैलियों और आंदोलनों के गीत थे। साठ के दशक की शुरूआत तक यही मामला चला। नेहरू और गांधी के प्रति लोगों में यह भाव था कि ये तो अपने घर के बुज़ुर्ग हैं, इनके ख़िलाफ कोई बात कैसे सुन लें। आम आदमी इनके द्वारा पिलाई गई आज़ादी की शराब के नशे में था। खुश था, तो कैसी कविताएं सुनता–शृंगार की ही ना?

चलिए, अब कुछ हो जाए!

होता है और होती है के नाम! तो अर्ज़ किया है–

नैन हुए जलधारे क्यूं,
कोई किसी को मारे क्यूं?

तुम इतने बेचारे क्यूं?
उनके वारे न्यारे क्यूं?

हम तो ऐसे कभी न थे
बदल गए हम सारे क्यूं?

पत्ती से पूछे चिड़िया
पेड़ की ख़ातिर आरे क्यूं?

जिनके रहते हिम्मत थी,
वे ही हिम्मत हारे क्यूं?

दिल ही जिनके बहरे हैं
दिल से उन्हें पुकारे क्यूं?

उनके लिए महल कोठी
तुझको ईंट और गारे क्यूं?

गंगा शीश झुकाय नहीं,
सागर चरण पखारे क्यूं?

सहने की भी सीमा है
मिलते नहीं सहारे क्यूं?

आंखों के मीठे सपने
बहकर हो गए खारे क्यूं?

रात में बादल धुंध धुआं
दिन में दिखते तारे क्यूं?

सन्नाटों से गूंज रहे
गांव गली गलियारे क्यूं?

अंत में एक शाश्वत सवाल जिसमें एक गोरी होती है और एक दर्पण होता है–

गोरी से दरपन पूछे
कारे कान्हा प्यारे क्यूं?

मोह में भंग और भंग में मोह

साठ के दशक की शुरूआत तक तो मामला बहुत सीधा-सरल था, न वाणी अनर्गल थी न उसमें गरल था। कारण यह कि आज़ादी मिलने से पहले का विद्रोह भंग हो चुका था लेकिन आज़ादी के बाद का मोहभंग व्यापक स्तर पर नहीं हुआ था। नेहरू के शांति-कपोतों का कांड-ए-पर-कतर नहीं हुआ था। बासठ का चीन का युद्ध नेहरू के कबूतरों के लिए पहला झटका था। उस दौरान हम सबके सब प्राय: नेहरू जी के कबूतर थे। झटका खाया तो होश सा कुछ आया कि भारत का स्वातंत्र्य अभी तरा नहीं है, पंचवर्षीय योजनाओं की विफलता ने बताया कि सब कुछ हरा-भरा नहीं है।

कवि गा रहा था प्रेम के गीत

लेकिन विफलताओं की संध्या-सुंदरी कविसम्मेलन के मंचों पर धीरे-धीरे उतरी। अग्रेज़ीदां बुद्धिजीवियों को शायद विश्वसंदर्भों के कारण मोहभंग की काली रात डरा रही हो पर मंच पर कवि प्रेम के गीत गा रहा था। अपने देश में प्रेम के गीत। युद्ध हुआ तो प्रेम में देश आने लगा। नेहरू जी ने कांग्रेस को कुछ इस तरह से परोसा था कि कश्मीर कुमारी से कन्या माता तक और आसामा से गुजराता तक भारत के वासियों को 'दो बैलों की जोड़ी' पर पूरा भरोसा था। हिन्दी मंच के कवियों और श्रोताओं के लिए कांग्रेस की दो बैलों की जोड़ी प्रेमचंद के हीरा-मोती से कम नहीं थी।

छद्म सुख कब तक जिया जा सकता है और बिना नशे की शराब को कब तक पिया जा सकता है। मंच पर शृंगार के चपल-चांचल्य के स्थान पर जीवन और मृत्यु के संदर्भ मुखरित होने लगे। सुरीली आवाज़ में, ओजस्वी कंठ में। सपने अभी मरे नहीं थे, फूल अभी झरे नहीं थे। इस बात को स्वीकारने में संकोच नहीं होना चाहिए कि निजी सपनों और राष्ट्रीय सपनों के अंतर को समझने की व्यावहारिक शुरूआत वाचिक परंपरा में कायदे से नहीं हो पाई थी।

उस समय जो वैयक्तिक चेतना थी उसमें आप निज के दुख-सुखों की बात कर रहे थे। यह भी था कि निज के सुख-दुख आप देश के सुख-दुख से अलग महसूस करते थे। अचानक राष्ट्र का सुख-दुख सामने आया तो आप अपना सुख-दुख भुलाने लगे। तब तक यह समझ में आना शुरू नहीं हुआ था, कि निज के सुख-दुख भी राष्ट्र के सुख-दुख से जुड़े होते हैं। इसके व्यापक संदर्भ हैं। प्रेम में देश समाया रहता है और देश में प्रेम, यह बात समझ में साफ तौर पर नहीं आ पा रही थी। गीतों और कविताओं में निराशा रूप बदल-बदलकर रोमानी पैंतरे दिखा रही थी। अब मंच पर नीरजजी के अनुसार- कारवां गुज़र चुका था, ग़ुबार बाकी था देखने के लिए। नौजवानों के स्वप्न झरे फूल से और मीत शूल से चुभने लगे।

ज़िंदगी के द्वार पर विसंगति

व्यक्तिगत पीड़ा का रोमानीकरण इस समय के कविसम्मेलनों का मुख्य स्वर है। निजी विसंगतियों को गीतों के माध्यम से व्यक्त किया जा रहा था। भारतभूषण जी गा रहे थे- 'ये विसंगति ज़िंदगी के द्वार सौ-सौ बार रोई, चाह में है और कोई, बांह में है और कोई।' मृत्यु पर बहुत लिखा गया। जीवन पर बहुत लिखा गया। देवराज दिनेश ओजस्वी वाणी में सुनाते थे- 'जीवन क्या है, लहरों सा लहराना, हंसना, खिलना शोर मचाना।' नीरजजी की कविताओं में जीवन-मृत्यु का रूपक पलट-पलट कर आता था। मेरे पूज्य पिता राधेश्याम 'प्रगल्भ' ने कहा कि जीवन है परीक्षा कक्ष के तीन घंटे का समय। पहला घंटा बचपन बीत जाने पर बजता है, दूसरा जवानी ख़त्म होने पर तथा तीसरा बुढ़ापे के बाद, काल का चपरासी मौत का बजाता है। परीक्षा ख़त्म होती है, कॉपी छिन जाती है। इस रूपक को नीरजजी ने 'मेरा नाम जोकर' के अपने एक गीत में इस्तेमाल किया और वाचिक परंपरा में ही सही श्रेय भी मेरे पिता को दिया। ये नये रूपक थे, ये भक्तिकालीन नहीं थे। ये सूफी परंपरा से भी नहीं उपजे थे। ये रूपक आज़ादी के भ्रामक मोह से मुक्त होना चाहते थे।

मोह में भंग

आज़ादी का मोह कोई माथे की बिंदी तो था नहीं जो रात में सोते वक़्त खाट के पाये से चिपका दी जाए। वो मोह छुट्टल सांड के ठप्पे की तरह सरकार की नगरपालिका ने हमारे दिमाग़ों के नितंबों पर दाग रखा था। ऐसे कैसे जाता? कुंए में नहीं मोह में भंग पड़ी हुई थी और मोह था कि भंग हुआ नहीं चाहता था। निशा-निमंत्रणों के मोह में भंग की खुमारी विद्यमान थी। चीन का युद्ध समझ में नहीं आ रहा था। पर इतना समझ में आ रहा था कि राष्ट्र पर संकट का एक

पहाड़ है जिसे सबको मिल-जुलकर उठाना है। इक्का-दुक्का हास्य कवि होते थे। या तो बनारस के या हाथरस के। वे भी हास्य-रस में वीर-रस ला रहे थे। काका जी गा रहे थे–'इतना दम है देखो मेरी सूखी हुई कलाई में, आज्ञा हो तो आग लगा दूं फौरन दियासलाई में।'

कवि प्रदीप भी राष्ट्रीय कविसम्मेलनों में जाते थे और ये बात तो सब जानते हैं कि 'ऐ मेरे वतन के लोगो' गीत सुनकर नेहरू जी रो दिए थे। लता जी द्वारा गाए जाने से पहले इस गीत को मंचों पर सुनकर कितने लोग रोए इसका कोई हिसाब हमारे पास नहीं और बकौल किशन सरोज 'कांटों बिंधे गुलाब हमारे पास नहीं।'

बतियाना चाहता हूं बासठ के दौरान अपने बालकृत्व के बवालत्व पर। अगली बार सही। अभी तो जीवन के मोह में अपनी कल्पनाओं की थोड़ी भंग डालता हूं और पेश करता हूं एक कविता–

ज़िन्दगी एक किताब है,
आकार में दिल सी,
पवित्र इतनी कि गीता,
क़ुरान, बाइबिल सी।

एक विद्युत की चमक,
एक दमकती मंज़िल सी,
यों तो पहाड़,
पर महसूस करो तो तिल सी।

एक दूरी के बावजूद
सबमें शामिल सी,
मीठी दुश्मनी सी,
प्रेमी क़ातिल सी।

कभी बड़ी आसान,
कभी मुश्किल सी,
कभी निपट अकेली,
कभी खिलखिलाती महफ़िल सी।

कभी दिल्ली की
झिलमिल कालौनी जैसी गंदी,

कभी किसी गंदी कालौनी की
झिलमिल सी।

कभी मधुमक्खी का छत्ता,
कभी चींटी के बिल सी,
कभी घटाओं जैसी कुटिल,
कभी गणित की तरह जटिल सी।

कहीं स्लेट जैसी साफ़,
कहीं टूटी पैंसिल सी,
कहीं सिग्नेचर्स के साथ अप्रूव्ड,
कहीं खुन्दक में कैंसिल सी।
कभी उंगली पकड़ाने वाली
कभी टक्कर में मुक़ाबिल सी।

और कहीं मुझ जैसी जाहिल
और आपके समान क़ाबिल सी।

पर मैं तो इतना चाहता हूं कि
ज़िन्दगी हल्की-फुल्की हो
न कि पत्थर की सिल-सी,
वो अगर बूढ़ी झुर्रियों में भी मिले
तो किसी बच्चे की इस्माइल सी।

पहले बा से पहले खा तक

लीजिए, कुछ ऐसे शब्दों को इस्तेमाल करने वाला हूं जो बा से शुरू हो रहे हैं।

बाअदब, बाशऊर, बामुरव्वत, बामुहब्बत, बामुलाहिज़ा, बात हो रही थी सन् बासठ की।

बासठ में यों तो मैं फ़कत ग्यारह बरस का था, पर लगता है सठियाया हुआ था। बचपन में ही बुढ़ापे के तत्व। या आप इसे कह सकते हैं बालसठत्व। और मज़े की बात ये कि अब जब पचपन से बासठ की ओर गाड़ी फुल स्पीड से चल रही है, मैं उतना बड़ा होना चाहता हूं जितना सन् बासठ में था। जवानी नहीं चाहता, बचपन चाहता हूं। वैसे मेरी इस चाह में चालाकी छिपी है...एक बार बचपन आ जाए तो नौजवानी तो उसकी तार्किक परिणति है। अपने आप आएगी। बचपन बूढ़ा हो सकता है, कविपन बूढ़ा नहीं होता। और उस बूढ़े बच्चे के सामने उस दौर का नारा था-'आराम हराम है'। ये नारा कमबख़्त ऐसा दिमाग़ में घुसा कि आज भी आराम हराम ही है मुझे। कुछ न कुछ करते ही रहना चाहता हूं। शांत बैठना मेरी फितरत में नहीं है।

बड़ी कविता

अपने अतीत को देखता हूं, तो पाता हूं कि अशोक नाम का एक बालक है जो नेहरू-सूत्र ग्रहण कर चुका है कि 'आराम हराम है'। आदरणीय सोम जी दिनकर जी की पंक्तियां सुनाते हैं, जो उसे फ़ौरन याद हो जाती हैं। पंक्तियों का मतलब कितना समझ पाता है वो बालक, पता नहीं, पर अपने काम-काम का तो समझ ही लेता है। स्मृतिपटल पर पंक्तियां कुछ इस तरह खुदी हुई हैं-

बड़ी कविता कि जो इतिवृत्त को सुंदर बनाती है,
बड़ा वह ज्ञान जिससे व्यर्थ की चिंता नहीं होती,
बड़ा वह आदमी जो ज़िंदगी भर काम करता है,
बड़ी वह रूह जो रोए बिना तन से निकलती है।

रूह कैसे निकलती है यह तो उस बालक को पता नहीं रहा होगा लेकिन नेहरूह नारा अंत:प्रकोष्ठ में प्राण-प्रतिष्ठित था। वह जितना सीखना चाहता था उससे ज़्यादा सिखाना चाहता था।

क्या ही प्रभामंडल था उनका

बासठ में ही सोम जी आगरा से खुर्जा आए थे। खुर्जा कविसम्मेलन के बाद उन्हें कविवर देवकराम सुमन के आमंत्रण पर सहारनपुर जाना था। और कवियों को भी जाना था। और...मैं भी था, सहारनपुर जाने वाली उस बस में, बालकवि अशोक शर्मा। उस यात्रा में सोम जी ने मुझे बताया और समझाया था कि शब्दशक्तियां क्या होती हैं। अभिधा, लक्षणा और व्यंजना में क्या अंतर होता है। आप यकीन मानिए कि बचपन में जो उदाहरण उनसे सुने थे वही उदाहरण मैं अपने एम.ए. के विद्यार्थियों को अभी भी बता रहा होता हूं। काव्यशास्त्र और छंद-विधान के गहरे ज्ञाता होते थे गीतकार। बड़ा असर होता था उनकी वाणी में। क्या ही तेजस्विता विराजती थी उनके मुखमंडल पर। क्या ही प्रभामंडल था उनका।

पूरा मंच ही उन दिनों गीतकारों के प्रभुत्व वाला होता था। यों वीररस भी था और हास्य भी, पर जलवा तो गीत का था। मंच पर हास्य को दो टके नहीं पूछता था कोई। अगर पंद्रह गीतकार हैं, तो कोई एक कवि हास्य का आ गया। जनता की मांग, आयोजकों के रहम-ओ-करम के कारण और गीतकारों के भ्रूभंग के बावजूद।

एक बनारस दूसरा हाथरस

हास्यरस के दो स्कूल थे- एक बनारस का, दूसरा हाथरस का।

बनारस से भैया जी बनारसी, बेढब बनारसी, चोंच बनारसी। हाथरस के काका हाथरसी, निर्भय हाथरसी। गीतकारों के प्रभुत्व वाले मंच पर भाव यह रहता था कि चलो हास्य को भी मौका दे दो। ऐसा नहीं कि हास्य के प्रति स्वीकार-भाव बिलकुल नहीं था। हास्य का स्वीकार तो हर युग में रहा है। कालिदास के नाटकों में विदूषक है। उसका सुनिश्चित स्थान है। मोदक उसे प्रिय है, वह चोटीधारी है, राजा का प्रिय है, उसको कुछ भी बोलने की छूट है। ऐसे ही विदूषक का सुथरा संस्करण हास्य-कवि है।

काका हाथरसीजी की संपूर्ण उठान का दौर था वह। पर यहां समझ लेना चाहिए कि काकाजी को उस दौर में सम्मान केवल इसलिए नहीं मिल रहा था कि वे हास्य कवि थे, उन्हें सम्मान उनकी उम्र, उनके व्यक्तित्व, उनकी सहजता, निश्छलता और ईमानदारी की वजह से भी मिल रहा था। कम लोगों को पता है कि काकाजी मंच पर बहुत देर से आए।

भैया, चार दर्जा पास

उन्होंने अपनी युवावस्था वाला काल संगीत-अभ्यास, नाटकों में और चित्रकारी में निकाला। 1926 में बीस साल की उम्र में उन्होंने हाथरस में संगीत संस्था की स्थापना कर दी। संगीत पर उनकी पहली पुस्तक छपी। बांसुरी बजाई, सुर साधा। पर बाद में, उनका ये पक्ष गौण हो गया। दरअसल, काकाजी एक मार्केटिंग-कुशल व्यक्ति थे। बाद में भी लगे रहे पर उन्होंने अपनी अन्य कलाओं का ज़िक्र ही नहीं किया। मेरी तरह नहीं कि सारे के सारे पहलू उजागर हैं। काकाजी कहते थे कि मैं तो हास्य कवि हूं भैया, चार दर्जा पास। उन्होंने नहीं बताया कि एम. ए., बी.ए. में पढ़ी जाने वाली पुस्तक 'संगीत विशारद' 'वसंत' नाम से उन्होंने ही लिखी है। यह पुस्तक आज भी संगीत में एक आधार-ग्रंथ है। उन्होंने शिष्टाचारवश बताया ही नहीं।

चलिए इससे आगे का किस्सा अगली बार, अभी तो शिष्ट अचार के बारे में कुछ अनगढ़ प्रस्तुत है-

डायनिंग टेबिल थी हमारी,
और बोल रहे थे
श्रीयुत बौड़म बिहारी-
'चक्रधर जी!
आम का अचार है?'
मैंने दिया तो बोले-
'देखिए...
ई जो भ्रष्टाचार है...
ई हमरा
दो ठो आईज़ के सामने
दीन-दहारे
पुलीस और
क्रिम्हीनल पालीटीसियन के सहारे
साफ़ साफ़ बॅढ़ रहा है,
ग्राफ़
ऊपर की तरफ चॅढ़ रहा है।
ई दाल जरा इधर सरकाइए
और
हमरे सवाल का आंसर बताइए
...बड़ा टेस्टी है!'

मैंने कहा–
'क्या भ्रष्टाचार?'
वे हंसे–
'नहीं नहीं,
ये दाल और अचार!
वैसे सोचिए तो,
ये भ्रष्टाचार भी
सुपर टेस्टी होता है,
टेस्ट में समझिए कि
एवरेस्टी होता है।
बहूत मजा आता है
तभी न पुलीस और
पालीटिसियन लोग इतना खाता है।'
मैंने कहा–'बौड़म जी!
ये लोग क्यों खाते हैं?
राज़ हम बताते हैं।
दरअसल,
पुलिस और पौलीटिशियन
अपने अपने परिधान की
मर्यादा निभाते हैं,
आपने ध्यान दिया कि नहीं
खाकी और खादी
दोनों में पहले 'खा' लगाते हैं।

गरमी सरदी बारिश ओले

आज़ादी के बाद हिन्दी कविसम्मेलन मंच के मिजाज़ को जानने के लिए कुछ व्यक्तित्वों को जानना ज़रूरी है-- डॉ॰ हरिवंशराय बच्चन, पद्मश्री गोपालदास नीरज, पद्मश्री काका हाथरसी और श्री बालकवि बैरागी। ये चार नाम मैंने इसलिए गिनाए चूंकि ये चारों कविसम्मेलन की चार प्रवृत्तियों का प्रतिनिधित्व करते हैं। डॉ॰ बच्चन छायावाद के बाद कविता को एक नए रोमान और अभिमान के साथ जनता तक ले गए। नीरज जी ने उसे लोकप्रियता का लंबा-चौड़ा शामियाना दिया। बैरागी जी ने स्वयं को दिनकर का वंशज बताते हुए मंच की कविता का ओजस्वी पाट चौड़ा किया और काका हाथरसी ने हास्य रस की यमुना के किनारे घिस-घिसकर चंदन लगाया और लोगों को हंसाया।

व्यक्तित्व का मुख्य स्वर

और चूंकि पिछली बार बात काका जी पर आकर रुकी थी तो मैं इस बार काकाजी से ही शुरू करना चाहता हूं। मैंने पहले भी कहा था कि काका सिर्फ़ कवि नहीं थे, वे संगीतकार थे, नाटककार थे, चित्रकार थे और अभिनेता भी थे। कविसम्मेलन तो उनकी प्रतिभा का एक बाईप्रोडक्ट था जो उनके व्यक्तित्व का मुख्य स्वर बन गया। मैंने उनको अपने बचपन से कवि रूप में ही जाना लेकिन समग्र रूप में जाना सन् 64 में, हाथरस आने के बाद, जब पारिवारिक अंतरंगता बढ़ी। काका जी ही तो पिताजी को खुर्जा से हाथरस लाए थे। मेरे पिता ने अपनी अठारह साल की अध्यापकी छोड़कर सुरुचि उद्यान, बिजली मिल, हाथरस में ब्रजकला केन्द्र चलाया था। तब मैं जाता था काका जी के घर। काका जी उन दिनों अपने नाटकों-प्रहसनों का रिहर्सल कराया करते थे।

मुरसान दरवाज़े की काका वाली गली, ऊंचा सा चबूतरा। उस दरवाज़े से लगता ही नहीं था कि अंदर कितना विराट भवन होगा। घर में घुसते ही एक बड़ा

सा दालान और दालान के पार संगीत कार्यालय का बड़ा हॉल, उसके पार एक बहुत बड़ा आंगन जिसके ऊपर लोहे का विराट जाल और अंत में रसोईघर। ये सब अगर मुख्यद्वार से घुसते ही देखें तो ऐसा लगे जैसे रसोईघर गली के दूसरे छोर पर है। यानि ख़ासा विस्तार घर में।

अपने नाटकों का स्वयं निर्देशन

काका जी अपने लिखे नाटकों का निर्देशन स्वयं करते थे। मैंने कई नाटकों के रिहर्सल देखे। मेरा मन होता था कि मैं भी अभिनय करूं लेकिन मेरी एंट्री प्राय: उस समय होती जब पात्रों का चयन हो चुका होता था। मैं तो मुकेश का दोस्त था। रिहर्सल देखने चला जाता था। काका जी को निर्देशन करते देखने में मुझे बड़ा मज़ा आता था क्योंकि वे छोटी-छोटी और बारीक-बारीक बातों पर बड़ा ध्यान देते थे। 'झूला कौ झटका', 'फ्री स्टाइल गवाही', 'लल्ला कौ ब्याह', 'भंग की तरंग', 'लाला डकारचंद' और न जाने कितने प्रहसन काका ने न केवल लिखे बल्कि सफलतापूर्वक मंचित भी किए।

अपने नाटकों के लिए पात्र भी काका जी छांट-छांटकर इकट्ठा करते थे। उनके पात्र कोई नामी-गिरामी प्रशिक्षित कलाकार नहीं होते थे बल्कि उनके संगी-साथी, कार्यकर्त्ता, कर्मचारी, अड़ौस-पड़ौस के बच्चे और रोज़ाना मिलने-जुलने वाले या साथ टहलने वाली मित्र-मंडली के ही लोग होते थे। एक पतले से सज्जन थे अंडागुरू और मोटे से थे मच्छर भगवान। सुरेश और गंगा प्रसाद सेठ जी बनते थे और वीरेन्द्र तरुण बनते थे डॉक्टर। बाल मुकुंद नाटकों के लिए सारी प्रौपर्टी और अन्य चीज़ों को इकट्ठा करते थे। घर के बड़े आंगन में किचन के आगे बड़ी सी पल्ली (चादर) टांग दी जाती, नाटकों व प्रहसनों की रिहर्सल होती और सामने आता था काका का कुशल निर्देशन। एक-एक दृश्य, संवाद, प्रौपर्टीज़ और संगीत, सब पर उनकी पैनी नज़र रहती। नाटकों की रिहर्सल में दूर से आने वाले सभी लड़के-लड़कियों को काका जी रिक्शे के लिए उस समय चवन्नी दिया करते थे। बिजली मिल की लड़कियों ने अपनी चवन्नियों से मुझे कई बार गुलाब पहलवान की चाट खिलाई।

पैनी नज़र से पात्रों का चयन

काका का निर्देशन ऐसा होता था कि प्राय: हर कलाकर की अंदर की अनचीन्ही प्रतिभा स्वयं निकलकर आ जाती थी। मुझे ध्यान आ रहा है, एक प्रहसन की रिहर्सल चल रही थी... संभवत: 'मनसुखा लीला'। उसमें एक दृश्य था कि कृष्ण का एक सखा राधा के सामने ख़ूब काजल लगाकर आ जाता है, तो राधा को बोलना था- 'आ गयौ है घोंटुन तांईं (यानी घुटनों तक) काजर लगाइकै', मगर

अपनी ही मस्ती में वो बोल गई 'आ गयौ है घोंटुन ताईं काजर पोत कै।' और बस काका ने उस बालिका की जो प्रशंसा की वो देखने लायक थी–'वाह बेटी! कमाल कर दियौ तैने...जाकूं कहैं संवाद...पात्र में घुस जाओ...अपने कूं भूल जाऔ ...वाह। 'लगाइकै' में वो बात कहां जो 'पोत कै' में आई है! ...वाह!'

सहजता के पक्षधर

वास्तव में वे सहजता के पक्षधर थे और यही सहजता उन्होंने अपनी कविताओं में आद्योपांत रची। काका जी इसीलिए अपने समकालीन कवियों से और पूर्ववर्ती हास्य-व्यंग्य कवियों से भिन्न थे क्योंकि उन्होंने अपनी कविता में सहज वर्ण-मैत्री के मुहावरों और तुकान्तों को अपनाया जैसे–'बैठते ही विमान में, सन्न-सन्न होने लगी कान में', 'पहिए चूं चूं करें, ऊंट को मिरगी आवें'। या उनकी एक कविता जो अपनी सहजता के कारण मुझे बहुत पसंद है- 'भोलू तेली गांव में, करै तेल की सेल / गली-गली फेरी करै, 'तेल लेउ जी तेल' / तेल लेउ जी तेल, कड़कड़ी ऐसी बोली / बिजुरी तड़कै अथवा छूट रही हों गोली / कहं काका कवि, कछु दिन तक सन्नाटौ छायौ / एक वर्ष तक तेली नहीं गांव में आयौ / मिल्यौ अचानक एक दिन, मरियल वाकी चाल / काया ढीली-पिलपिली, पिचके दोऊ गाल / पिचके दोऊ गाल, गैल में धक्का खावै / तेल लेउ जी तेल, बकरिया सौ मिमियावै/ हमनै पूछी जे का हाल है गयौ तेरौ? / भोलू बोलौ–'काका ब्याह है गयौ मेरौ।'

भोलू तेली की असहायता और बदहाली का वर्णन करते समय वे स्वयं भोलू तेली की तरह मायूस चेहरा बना लेते थे। अभिनय, सादगी, सहज अभिव्यक्ति काका जी की सबसे बड़ी ताक़त थी। यही वजह थी कि वे अपने समय के सर्वाधिक लोकप्रिय कवि रहे। वो भी उस ज़माने में जब संचार के ऐसे सशक्त माध्यम नहीं थे। रेडियो से और पत्र-पत्रिकाओं से ही उन्होंने इतनी ख्याति अर्जित की और ऐसी पहचान बनाई कि आज सैकड़ों चैनल और हज़ारों अख़बारों के बावजूद किसी को मयस्सर नहीं हो सकती।

काका का जीवन 'ए-वन'

काका जी अपने जीवन के रंगमंच पर ए-वन जीवन जीकर गए। उनकी आत्मकथा का शीर्षक भी है 'मेरा जीवन ए-वन'। काका जी को क्रोध करते बहुत कम देखा गया, लेकिन जब क्रोध करते थे तो बाकायदा करते और ऐसी बातों पर करते थे जिन पर कोई रचनात्मक व्यक्ति ही कर सकता है। उनका क्रोध ज़्यादा देर तक नहीं टिकता था, अभी बहुत गर्म हैं तो अगले ही क्षण एकदम ठंडे और जिस पर गर्म हुए उस पर स्नेह की बरसात कर डाली। स्नेह की बरसात कम लगी तो प्यार के ओले बरसा दिए। काकाजी के स्वभाव पर चर्चा करते हुए मुझे

अपनी एक ग़ज़ल याद आ रही है। काकाजी का स्वभाव फागू के मौसम जैसा था। फागू शिमला से थोड़ी ऊंचाई पर स्थित ऐसा रमणीय स्थान है जहां प्रकृति 'क्षणे क्षणे यन्नवतामुपैति' के कथन को चरितार्थ करती है। अभी गरम, अभी नरम, अभी बारिश, अभी ओले। तो हो जाए वो ग़ज़ल। मुलाहिज़ा फ़रमाइए—

यहां फागू में कुदरत ने ख़ज़ाने किस क़दर खोले,
अभी गरमी, अभी सरदी, अभी बारिश, अभी ओले।

किताबों में खुद अपनी ही कहानी पढ़के ऐ बंदे,
कभी मुस्का, कभी हो ग़मज़दा हंस ले, कभी रो ले।

पहनकर बादलों के वस्त्र, आया था जो कल मिलने,
बरस कर हो गया नंगा, पहन ले फिर नए चोले।

खुली आंखों से, सपने छलछला कर गिर नहीं जाएं
तू सपनों की हिफ़ाज़त के लिए, कुछ देर तो सो ले।

सितम होगा, कि तम होगा, कि ये होगा, कि वो होगा,
डराता है हमें क्योंकर, जो होना है अभी हो ले।

पहाड़ो, तुम ज़रा इन बादलों पर भी नज़र रखना,
न कोई बेहया पागल फ़िज़ाओं में ज़हर घोले।

न जाने कितनी बातें थीं, न जाने कितने शिकवे थे,
हुआ जब सामना उनसे, न हम बोले न वो बोले।

ढिंचिक-ढिंचिक वाली रामचरित-मानस

गीत मंच पर चला तो ख़ूब चला। जमा तो रात-रातभर जमा। हृदय की ताल पर तालियां बटोरीं गीत ने। श्रोताओं को झुमा-झुमा दिया आंतरिक संगीत ने। गीली भावनाओं के पनीले गीतकार, रस की साधना से रसीले गीतकार और अनुभव की ज्ञानझंकृति से सुरीले गीतकार। इन कोमलकांत पनीले, रसीले और सुरीले गीतकारों के बीच इक्का-दुक्का कंटीले गीतकार भी हुए, जिन्होंने जीवन के चीत्कार के साथ सुर साधा। जिन्होंने बिखरे हुए आक्रोशों को बांधा। जिन्होंने मुफलिसों-वंचितों के हित में सहित भाव का खिचड़ा रांधा।

ऐसे ही गीतकार थे– मुकुट बिहारी सरोज।

सरोज जी बांकी अदा के कवि

18 सितंबर स्वर्गीय मुकुट बिहारी सरोज की पुण्यतिथि है। काका हाथरसी जी की तो यह पुण्यतिथि भी है और जन्मतिथि भी। सन् 2002 में इसी दिन उन्हें 'काका हाथरसी पुरस्कार' दिया जाना था। वे घनघोर बीमार चल रहे थे फिर भी समारोह में आने को लेकर उमंगित थे। पूरा सभागार उनकी प्रतीक्षा करता रहा और वे सीधे काका जी से पुरस्कार लेने ऊपर चले गए।

सरोज जी बांकी अदा के कवि थे, जिनकी क्षमता अभी भी आंकी जानी है। वाचिक परम्परा में ऐसे कवि बिरले हुए हैं जो अपनी आन-बान-शान में सरोज जी की तरह विशिष्ट हों। सरोज जी की 'महानों' से पटरी नहीं बैठती थी। उनकी हर संभव कोशिश रहती थी कि वे 'महान' की 'महानता' को उसी के सामने पंचर कर दें। जो भी मुकुट बिहारी सरोज से या उनके नाम से परिचित है उसने उनका यह गीत अवश्य सुना होगा–

इन्हें प्रणाम करो, ये बड़े महान हैं।
किंवदन्तियों के उद्‌गम का पानी रखते हैं

पूंजीवादी तन में, मन, भूदानी, रखते हैं
होगा एक तुम्हारे, इनके लाख-लाख चेहरे
इनको क्या नामुमकिन है, ये जादूगर ठहरे
इनके जितने भी मकान थे, वे सब आज दुकान हैं।
तुम होगे सामान्य, यहां तो पैदायशी प्रधान हैं।
ये तो बड़ी कृपा है जो ये दिखते भर इंसान हैं।

मंच पर जब वो ये गीत सुनाते थे तो प्रणाम की मुद्रा बनाकर श्रोताओं को आंखों के इशारे से बता देते थे कि यह प्रणाम मंच के अध्यक्ष अथवा वरिष्ठ नेता के लिए है। मंच के महामहिम मुख्य अतिथियों को पता ही नहीं चल पाता था कि दर्शक श्रोता उन पर हंस रहे हैं।

उन्हें याद करता हूं तो अनेक चित्रशालाओं से घिरा पाता हूं। विचित्र यादें उनके साथ जुड़ी हैं। एक सुनाता हूं आपको कैलारस का किस्सा। यह उन दिनों की बात है जब मैंने कविसम्मेलनों में दोबारा जाना शुरू किया था। अड़सठ से अठहत्तर तक मैं कविसम्मेलनों से विमुख होकर वामपंथी रुझान की लघु पत्रिकाओं में छपने वाला कवि बना हुआ था। कविसम्मेलनों में दोबारा जाना शुरू किया तो ख़ूब प्रोत्साहन मिला और मैं मंच पर तत्काल स्वीकार कर लिया गया।

रुपयों पर मलाई भी पड़ सकती है

एक निमंत्रण का पोस्टकार्ड ग्वालियर से आया सरोज जी का। कविसम्मेलन ग्वालियर के पास कैलारस नाम के कस्बे में होना था। सरोज जी ने लिखा था कि आ जाओ, पूरे छः सौ रुपए मिलेंगे। स्वीकृति जल्दी भेज दो तो इन रुपयों पर मलाई भी पड़ सकती है। सरोज जी को मैं बचपन से सुनता आ रहा था। वे मेरे पिता के मित्रों में भी रहे। उनका निमंत्रण पाकर बहुत अच्छा लगा, लेकिन अफसोस कि मैं आठ सौ रुपए के पारिश्रमिक वाले एक अन्य कविसम्मेलन के लिए अपनी स्वीकृति पहले ही दे चुका था। सरोज जी के पोस्टकार्ड के बाद मैंने मन ही मन निश्चय कर लिया कि जहां स्वीकृति दे चुका हूं वहां किसी भी प्रकार क्षमा मांग लूंगा, भले ही छः सौ रुपए मिलें, जाऊंगा कैलारस। लेकिन मुझसे एक ऐतिहासिक भूल हो गई। मैंने सरोज जी को स्वीकृति तो भेजी पर आठ सौ रुपए वाला प्रसंग भी लिख दिया। उनका दनदनाता हुआ उत्तर आया कि आठ सौ रुपए कैलारस से भी मिल जाएंगे पर आना अनिवार्य है।

बहरहाल, मैं कविसम्मेलन में कैलारस गया। सम्मेलन-सम्पन्नम् के बाद पत्रम्-पुष्पम् की बारी आई। आयोजक भी अजीब थे। उनमें से एक मुझसे बोला- 'अशोक जी, अगर आप छः सौ नहीं लेंगे तो हम आपको आठ सौ ही देंगे। अब

आप बताइए कि आप कितने लेंगे?' मैंने कहा-'भइया, जितने देने हों, दे दो। जितना सरोज जी कहें दे दो।' वे बोले-'अब सरोज जी बीच में नहीं हैं, आप बताइए। और हम आपको फिर से बता देते हैं कि अगर आप छः सौ नहीं लेंगे या कुछ नहीं बोलेंगे तो हम आपको आठ सौ ही देंगे।' मैंने कहा-'ठीक है भाईसाहब! लाइए आठ सौ ही दे दीजिए।' उन्होंने बिना किसी हील-हुज्जत के आठ सौ रुपए मेरी हथेली पर टिका दिए और मेरी ओर देखे बिना अगले कवि को अंदर बुलवाया। मैंने धन्यवाद दिया जो उन्होंने सुना नहीं।

मुझे क्षमा ही किया जाए

इधर मैं कमरे से निकल ही रहा था कि दरवाज़े की बगल से सरोज जी एक झटके से प्रकट हुए, जैसे अचानक हौरर मूवी में भूत सामने आ जाता है। रुपए उन्होंने मेरे हाथ से छीन लिए और रुपयों को हवा में नचाकर वार-फेर करते हुए नाचने लगे। मैं उन्हें कोई सफाई देता, पर वे तो तब तक अपने ख़ास तेवरों में आ चुके थे। नाचते हुए गाने लगे-

हाए, हाए, हाए!
मुझे क्षमा किया जाए!
तुम तो आठ सौ ही लाए!!
मुझे क्षमा किया जाए
मुझे क्षमा ही किया जाए!

स्थिति मेरी समझ से परे थी। अगला कवि जब कमरे से निकला तो अपने नृत्य में उसे भी शरीक करते हुए वे गाने लगे-

ये जनता का कवि बनता है
'उत्तरार्द्ध' 'ओर' में छपता है
लेकिन अब मंचों पर आकर
दो सौ रुपयों पर मरता है,
ये जनता का दुलारा कवि
मजदूर की बातें करता है,
दो सौ रुपयों पर मरता है।
हाए, हाए, हाए!
मुझे क्षमा ही किया जाए!!

सरोज जी के इस आचरण से मैं मन ही मन बहुत खिन्न था पर क्या करता! बहुत बुजुर्ग कवि, मेरे पूज्य पिता स्वर्गीय राधेश्याम 'प्रगल्भ' के साथ मंच पर

कविता पढ़ने वाले कवि, इतने आदरणीय और वरिष्ठ कवि, क्या करूं और क्या कहूं। इससे पहले कि मैं कुछ कहता उन्होंने आठ सौ रुपए मेरी जेब में ठूंस दिए और कंधा थपथपाया– 'कोई बात नहीं, कोई बात नहीं। आठ सौ ही रखें।'

जनता का कवि! हम कैसे मानें!

मैं अंदर ही अंदर बहुत व्यथित हुआ। रास्ते में बस में धुआंधार सिगरटें फूंके जा रहा था। उन दिनों बहुत सिगरेट पीता था। मानसिक परेशानी की हालत में धूम्रपान की रफ़्तार और बढ़ गई। सरोज जी पिछली सीट पर बैठे थे। रात की बात का खुमार गया नहीं था। किसी अदृश्य से वे कहने लगे–'हम तो सर्वहारा के कवि हैं, जनता के गीतकार हैं, इसलिए बीड़ी पीते हैं। यहां ऐसे-ऐसे भी लोग हैं जो सिगरेट पीते हैं और खुद को कहते हैं जनता का कवि! हम कैसे मानें! अगर हमें सिगरेट पिला दें, तो मान भी लें। हमने भी रात में बड़ी मेहनत की है, एक सिगरेट पर तो, हमें क्षमा किया जाए, अधिकार हमारा भी बनता है। क्या जनता का भूतपूर्व कवि जो अब अभूतपूर्व होता जा रहा है, एक सिगरेट इस दिशा को पिला सकता है। पिला दे तो अच्छा है अन्यथा दिशाएं धुआं भी उगल सकती हैं।'

अब तक मैं इतना क्षुब्ध और शुद्ध रूप से क्रुद्ध हो चुका था कि मैंने अतिरिक्त मिले दो सौ रुपयों को चिंदी-चिंदी करके सिगरेट के पैकेट में भरा और वह पैकेट सरोज जी को दे दिया। सरोज जी ने जैसे ही डिबिया खोली वे देखकर रोने लगे। बोले–'मैं इसलिए नहीं रो रहा हूं कि भारतीय मुद्रा का अपमान हुआ है, वह तो अंतर्राष्ट्रीय स्तर पर हो रहा है, उसे अपमान के काबिल समझा जाता है, समझा जाए, कोई बात नहीं। मैं रो इसलिए रहा हूं अशोक कि तुमने खुद को अपमान के काबिल समझ लिया। नहीं, नहीं, नहीं अन्यथा न लो, मुझे क्षमा ही किया जाए। सचमुच, सचमुच। आओ चायें पी जाएं।'

वे हर चीज़ को बहुवचन में देखते थे। इस घटना के बाद चाय की दुकान पर उनका स्नेह भी बहुवचनीय हो गया।

ढिंचिक-ढिंचिक कवि

सरोज जी अपने मिजाज़ के अनूठे कवि थे। उनका रंग और ढंग निराला था। कविता की मर्यादा और उसके छंद-विधान को लेकर वे बहुत सचेत रहते थे। संभवतः धौलपुर या आसपास के किसी स्थान की बात है, एक कवि श्रोताओं से अतिरिक्त तालियां बटोरने के लिए अपने काव्यपाठ में स्पेशल ध्वन्यात्मक इफैक्ट्स डालने लगे। मुंह से ढिंचिक-ढिंचिक जैसे ताल-स्वर निकाले, जनता मगन हो गई। कवि अपने क्लाइमैक्स पर थे, तालियों की धारासार वर्षा हो रही थी। अचानक

सरोज जी अपने स्थान से उठे, मंच के किनारे पर रखा किसी का जूता उठाया और उस ढिंचिक-ढिंचिक कवि के पास आनन-फानन में पहुंच गए। कवि को काटो तो ख़ून नहीं। जनता की तालियों में तत्काल ब्रेक लग गया। सब सहमे हुए थे, यह सोचकर कि शायद सरोज जी उस कवि पर पादुका-प्रहार करने वाले हैं, लेकिन सरोज जी ने जूता श्रीमान ढिंचिक-ढिंचिक के हाथ में थमाया, अपना न्यूनकेशी सिर और माइक नीचे झुकाया और सिर की तरफ इशारा करते हुए बोले–'हे, महाकवि! आधुनिक तुलसीदास!! इस जूतेरूपी कलम से एक रामचरित-मानस मेरे ललाट पर भी लिख दीजिए। लिखिए, लिखिए घबराइए मत, लिख दीजिए। सब के सामने वो कर सकते हैं तो ये भी कर दीजिए। कर ही दीजिए!'

विद्युत गति से गायब

एक चर्चित संस्मरण है बदायूं के महनीय वीर रस के कवि से जुड़ा हुआ। रामलीला का मंच था। आदरणीय ओजस्वी स्वर में काव्यपाठ कर रहे थे। अपनी कविता में, देश के नौजवानों को आज क्या-क्या चाहिए की सूची बता रहे थे। अनुरक्ति चाहिए, देशभक्ति चाहिए, भुजाओं में शक्ति चाहिए और पता नहीं क्या क्या...। जैसे ही पंक्ति तालियों की कामना रखते हुए अपने तुकांत के शीर्ष तक पहुंचती थी, सरोज जी नेपथ्य से रामलीला की ढाल-तलवार लेकर प्रकट होते, आकाश में तलवार घुमाते, श्रोताओं को ढाल दिखाते और विंग्स में कूदते हुए वापस चले जाते। श्रोताओं का जबरदस्त ठहाका लगता और आदरणीय कवि समझ ही नहीं पाते कि क्या हो रहा है। बार-बार जब ऐसा हुआ तो आदरणीय ने मुड़कर भी देखा पर सरोज जी तो विद्युत गति से ग़ायब हो जाते थे।

सदा ज़िन्दगी का पद्यानुवाद किया

इस तरह मुकुट जी ओढ़ी हुई महानताओं की व्यावहारिक धुनाई किया करते थे। नई कविता के एक वरिष्ठ और लोकप्रिय कवि ने जब एक रेल-यात्रा में अपनी कविताएं सरोज जी को सुनाईं तो सरोज जी ने अपने चिर-परिचित अंदाज़ में कहा–'क्या कहने हैं! विचार हों तो ऐसे! बहुत ही महान! हम पर हों तो मालामाल ही ना हो जाएं! धन्य हैं! वाह, वाह, वाह!' फिर अचानक स्वर बदलकर दयनीय आवाज़ में कहा–'प्रभु! लेकिन हमारी इच्छा है कि आपके कृतित्व के साथ हम भी अमर हो जाएं। हमारा भी नाम आपके साथ जुड़े, आज्ञा हो तो आपकी कविताओं का पद्यानुवाद कर दूं।'

सरोज जी ने सदा ज़िन्दगी का पद्यानुवाद किया। मैं उनके प्रसिद्धतम व्यंग्य गीत से व्यंग्य निकालने की धृष्टता कर रहा हूं। इसे उनके सम्मान में एक सकारात्मक पैरोडी माना जा सकता है।

उन्हें प्रणाम करो वो बड़े महान थे,
तथाकथित जितने महान हैं
उनके लिए कृपान थे।

वैसे तो वे अपने तन पर खादी रखते थे,
पर खादी में मन अपना जनवादी रखते थे।
होंगे लाख तुम्हारे, उनका सिर्फ़ एक चेहरा,
उस चेहरे पर दुनियाभर का दर्द आन ठहरा।
गीतों का बाज़ार लगाना उन्हें न आता था,
लोहे और लहू से उनका गहरा नाता था।
जितने गीत अधर तक आए
वे सब लहूलुहान थे।
प्रतिभाएं थर्राएं उनसे, ऐसे प्रतिभावान थे।

उन्हें प्रणाम करो वो बड़े महान थे।

नीरज माने सखाभाव की साख

पचास से साठ वाली रेंज में आते ही साहित्यकार मुड़-मुड़कर देखने लगते हैं। इन दिनों मैं भी मुड़ मुड़कर देखने लगा हूं। देखता हूं तो तरह-तरह की सोहबतें याद आती हैं, मोहब्बतें याद आती हैं।

सत्संग से सुख मिलता है, कुसंग से दुख। कविसम्मेलन उदारतापूर्वक दोनों प्रदान करता है। कुसंग की चर्चाएं तो नब्बे से सौ वाली रेंज में पहुंचकर करूंगा, अगर तब तक बचा रहा और माशाअल्ला रत्ती-माशा स्मृतियां भी बची रहीं। फिलहाल तो इस प्रकार की एजेंडा-धर्मिता रखता हूं कि आगामी कुछ वर्षों तक केवल सत्संग की ही चर्चाएं करूं।

प्रिंसिपल की कंपकंपी छूट रही थी

कविसम्मेलनों में एक ऋषि का सत्संग निरंतर करता रहा हूं, वे हैं श्रीयुत गोपालदास नीरज। नीरजजी को पहली बार उन्नीस सौ बासठ में खुर्जा के एस॰एम॰जे॰ई॰सी॰ इंटर कॉलेज में देखा था। यहीं मेरे पिता श्री राधेश्याम 'प्रगल्भ' पढ़ाते थे और कॉलेज में प्रतिवर्ष एक कविसम्मेलन आयोजित किया करते थे। नीरजजी जिस समय कॉलेज के प्रधानाचार्य श्री एल॰एन॰ गुप्ता के कक्ष में आए, मैं वहीं था। आख़िरकार कवियों की सूची में बालकवि अशोक शर्मा के रूप में मेरा भी नाम था। बाक़ायदे न्यौतित कवि! उस समय मेरे लिए हैरानी की बात ये थी कि हम सबके लिए सबसे ज़्यादा आदरणीय एवं हृदय-लोक में सर्वोच्च पदासीन व्यक्ति, यानी प्रधानाचार्य जी, नीरजजी को साक्षात देखकर परम रोमांचित हो उठे। आंतरिक स्नेहावेश में उनकी कंपकंपी सी छूट रही थी। यह देखकर मैंने पहली बार नीरजजी को ज़रा ध्यान से देखा।

छरहरा लंबा शरीर, गालों पर हीमैन वाले गड्ढे, बंद गले के कोट में भारतीयता की एक गरिमा, सम्मोहक मुस्कान, सबके प्रति सौहार्दपूर्ण व्यवहार, निरभिमानी

आत्मीय संवाद। उनके आते ही सब खड़े हो गए थे। मैं इतना छोटा था कि लोगों के बीच किसी तरह से घुसकर आगे निकल आया था और चेहरा ऊपर उठाकर उनके मुख से झरते शब्दों को समझने की चेष्टा कर रहा था।

जलवा हुआ करता था नीरजजी का। 'काई-सी फट जाना' एक मुहावरा है, नीरजजी जब किसी सभा में पहुंचते थे तो इस मुहावरे का अर्थ समझ में आता था। ये वो दौर था जब लोगों को साहित्य की ख़ुराक़ या तो कविसम्मेलनों से मिलती थी या अपने कस्बे के वाचनालय से। सब लोग अख़बार या पत्रिकाएं ख़रीदें, कहां मुमकिन होता था। स्वास्थ्य-चिंता अथवा मित्र-मिलन के उद्देश्य से कुछ पढ़े-लिखे लोग टहलने जाते थे और लौटते समय वाचनालय में थोड़ा समय बिताते थे। शहर में कविसम्मेलन होना हो तो पूरा शहर उस रात का इंतज़ार करता था। वह रात उस शहर के लिए साहित्य की रात होती थी। बिना शक कहा जा सकता है कि शहर की साहित्य-सुरुचि का कामना-केन्द्र कविसम्मेलन होता था, कविसम्मेलन के केन्द्र में हुआ करते थे गीत और गीत के केन्द्र में थे नीरजजी।

हमारे इंटर कॉलेज के कविसम्मेलन की अध्यक्षता श्री सोहनलाल द्विवेदी ने की थी। नीरज जी ने क्या सुनाया था मुझे बिलकुल याद नहीं क्योंकि मैं तो अपनी ही कविता के नशे में था। वैसे भी कविगण एक-दूसरे की कविता सुनते ही कहां हैं। दाद देना या वाह-वाह करना प्रायः अवचेतन का अभ्यासजन्य कौशल होता है।

बच्चनजी से प्रभावित

कुछ अरसे बाद बुलंदशहर की नुमाइश के कविसम्मेलन में पुनः नीरजजी के दर्शन हुए। वहां मैंने भी कवितापाठ किया था। मेरी कविता पर नीरजजी मुग्ध हुए और उन्होंने सार्वजनिक रूप से घोषणा की कि वे अपनी किताबों का पूरा सैट इस बालक को पुरस्कार स्वरूप भेजेंगे। मैं परम प्रसन्न। यह बात मैं सबको बताता घूमता था कि नीरजजी की किताबों का सैट बस आने ही वाला है। पर अफसोस कि नीरजजी सैट की बात भूल गए। किताबों का सैट नीरजजी की पूर्व स्मृति से राइज होने के बजाए विस्मृति के पश्चिम में सन की तरह सैट हो गया। खैर, नीरजजी भूले पर मुझे तो याद रहा।

1965 में हाथरस में एक कविसम्मेलन में मेरी कविता से प्रभावित होकर एक सेठजी ने मुझे इक्कीस रुपए पुरस्कार रूप में दिए। मेरे मन में तब यह भाव था कि मैं कवि हूं मुझे पैसों की क्या ज़रूरत। नीरजजी की किताबों के सैट की तरह पुस्तकें मिलें तो स्वीकार भी करूं। मैंने इक्कीस रुपए तभी बाढ़-पीड़ितों के लिए दानस्वरूप तहसीलदार महोदय को दे दिए और मंच पर बैठे नीरजजी को पुस्तकों के सैट की याद दिलाई।

फिर नीरजजी को 1968 में देखा मथुरा में। वे आकाशवाणी के कविसम्मेलन में किसी सुंदर सी मित्र के साथ आए। तब तक नीरज जी के सत्संग के किस्से बहुत मशहूर हो चले थे। मैं उन दिनों अपना कैशोर्य पार कर रहा था। मैंने उन्हें प्रणाम किया पर वे मुझे पहचान नहीं पाए कि यह वही बालक है जिससे उन्होंने कभी कोई वादा किया था। यहां मैं सिर्फ श्रोता की हैसियत से था। शायद पहली बार मैंने नीरजजी को ध्यान से सुना। वे बच्चनजी से गहरे प्रभावित थे। बच्चनजी की उस मधुशाला से जिसमें शराब कम थी पर नशा ज़्यादा था। उनकी कविताओं में जहां एक ओर जन-मन के प्रति एक व्यापक मानवतावादी सोच दिखा वहीं दूसरी ओर आशा और निराशा के बीच झूलती हुई मृत्यु की अनेक परिभाषाएं। सरल-सहज भाषा में जीवनानुभूति, प्रेमानुभूति और सौंदर्यानुभूति का सांगीतिक सम्मिश्रण।

दस साल निकल गए

बहरहाल, मैं तो 1968 के बाद अलग सी राह पर निकल पड़ा और कवि के रूप में मुझे मुक्तिबोध मिल गए। थैंक्यू सुधीश पचौरी! मैं आधुनिक भावबोध के कवि मुक्तिबोध में इतना डूबा कि फिर मुझे किसी और कवि अथवा किसी और किस्म की कविता की ओर आकर्षण नहीं जान पड़ा। दस साल निकल गए। 1968 से 1978 के बीच मैं कविसम्मेलनों में भी नहीं गया। नीरजजी तब तक मुंबई जाकर फ़िल्मों में बतौर गीतकार अपना नाम और काम जमा चुके थे। नीरजजी के ग्लैमर में फ़िल्मी कीर्ति और जुड़ चुकी थी।

पर एक अलग तरह की बात हुई जिसकी चर्चा उनके समकालीन कवियों ने ज़्यादा की कि जिन फ़िल्मों में नीरजजी गीत लिखते हैं वो तो फ़्लॉप हो जाती हैं पर गीत हिट हो जाते हैं। 'मेरा नाम जोकर' इस बात का एक उदाहरण थी। कहा जाता था कि नीरजजी इस तरह की बातें सुन-सुनकर परेशान हो गए और मुंबई छोड़कर वापस अलीगढ़ आ गए। और मज़े की बात ये कि उनके वापस आते ही वह फिल्म हिट हो गई जिसके गीत लिखकर वे लौटे थे। इस फिल्म का नाम था 'शर्मीली'।

संचालन के लिए क्लीन चिट

नीरजजी से अगली मुलाकात 1979 में कासिमपुर पावर हाउस, अलीगढ़ के एक कविसम्मेलन में हुई। इस कविसम्मेलन के आयोजक श्री देशराज मुझसे संचालन करवाना चाह रहे थे क्योंकि दरियागंज के एलाइंस कविसम्मेलन में उन्होंने मेरा संचालन देखा था। नीरजजी मुझे पहचाने नहीं। यद्यपि मेरे पिता भी वहां थे लेकिन उन्होंने पुत्र रूप में मेरा उनसे परिचय कराया नहीं। इधर मेरा नाम भी बदल

चुका था। मेरी उपस्थिति में ही उन्होंने देशराज जी से कहा–'कोई चक्रधर वक्रधर नहीं सीधे सोम से कराओ।' देशराज जी ने उनकी चिरौरी की–'दद्दा, दद्दा! अरे आप देखिए तो सही, चक्रधर जी यूनिवर्सिटी में पढ़ाते हैं। सोम जी का संचालन तो सैकड़ों बार सुना होगा, नयों को भी तो मौका मिले।' नीरजजी ने बीड़ी का एक लंबा कश खींचा, धुआं नीचे की तरफ छोड़ा और जब धुआं वापस उन्हीं के नथुनों में आने लगा तो उन्होंने अपनी गर्दन ऊपर की ओर घुमाई, छत की ओर देखने लगे। खांसी आई तो एक हाथ गर्दन तक चला गया। देखते छत की ओर ही रहे जैसे वहां कोई रचनाकर्म में तल्लीन मकड़ी विचारों का जाला बना रही हो। ऊपर देखते-देखते ही बोले–'जो इच्छा करिए देशराज जी! ...वैसे सोडा मंगा लिया या नहीं?' देशराजजी मुदित मन बोले–'जी हां, जी हां। इंतज़ाम सारे पक्के हैं।' उन्हें नीरजजी की ओर से क्लीन चिट मिल चुकी थी।

झूमते भी हैं और झुमाते भी हैं

मैं अंदर ही अंदर मगन था और संचालन के लिए होमवर्क करना चाहता था ताकि मेरे संचालन के बाद जब परिचय हो तो नीरजजी को कोई मलाल नहीं साले। नीरजजी के लिए एक विशेषणमाला मैंने तभी गढ़ी–'और लीजिए अब पुकारता हूं गीत सम्राट को, जिनकी बानी प्रेम की बानी है, जिनका शब्द-शब्द प्यार की कहानी है। कहानी जो भावनगर से अर्थनगर तक जाती है, हालांकि कई बार अर्थजगत की तलाश में अलीगढ़ से बंबई जाकर रुक जाती है। लेकिन चूंकि ठाठ फकीरी का है, मामला आंसू के सम्मान का है, सरोकार देश के सबसे ग़रीब इंसान का है इसलिए वे कहते हैं चल रे, चल रे बटोही वापस चल। शोखियों में फूलों का शबाब घोला जा चुका है, उसमें शराब भी मिलाई जा चुकी है। तैयार होने वाले नशे को प्यार का नाम भी दिया जा चुका है। विडंबना है कि बंबई में स्वप्न फूलों की तरह झरने लगे हैं, मीत शूलों की तरह चुभने लगे हैं। चल कवि नीरज वापस कविसम्मेलनों की ओर चल। और दोस्तो, आज नीरजजी हमारे बीच हैं, कविसम्मेलन की सशक्त वाचिक परम्परा के साथ। मैं नीरजजी के रूप में गीतों के पूरे एक कारवां को पुकारता हूं। श्रोता मित्रो, तालियों के स्वर का ऐसा गुबार उठाओ कि नीरजजी देखते रह जाएं।'

स्नेह की सघन बरसात

धुआंधार तालियां बजीं, नीरजजी धुआंधार जमे। कविसम्मेलन में श्रोता भी रातभर रमे। बाद में जब नीरजजी को मेरा संपूर्ण परिचय मिला तो वे मेरे लिए स्नेह की सघन बरसात में बदल गए। मैंने याद दिलाया लगभग सोलह साल पुराना वादा, किताबों के सैट का। उसके बाद तो निरंतर उनका सत्संग रहा पर बता दूं

कि आगे आने वाले सोलह साल तक भी सैट नहीं मिला। मैं बिना अपसैट हुए प्रतीक्षा करता रहा।

कविसम्मेलनों में बराबर उन्हें उनके वादे की याद दिलाता रहा। बेशर्म होकर कई मंचों से भी नीरजजी की वादाख़िलाफी की चर्चा की। वे मुस्कुराकर रह जाते थे। एक मंच पर उन्होंने भी सार्वजनिक रूप से कहा कि तीन खंडों में मेरी रचनावली आने वाली है, आते ही अशोक को दूंगा। सन् चौरानवे में रचनावली भी छप गई, पर मिली मुझे सन् 2000 में। यानी वादे के लगभग छत्तीस साल बाद। विलंब तो हुआ लेकिन भेंट के संबोधनों में उन्होंने पुरानी सारी कसक और कसर निकाल दी। रचनावली के पहले खंड में उन्होंने मुझे 'अप्रतिम व्यंग्य नक्षत्र' कहा, दूसरे खंड में 'हिन्दी का सर्वश्रेष्ठ व्यंग्यकार' और तीसरे में 'व्यंग्य का अद्‌भुत कवि' लिखा। मैं संकोच में खड़ा उन्हें लिखते देख रहा था और सोच रहा था कि ये विशेषण हैं अथवा मूलधन के साथ ब्याज।

सखाभाव की साख

अस्सी पार कर चुके इस युवा के बारे में तमाम तरह की किंवदंतियां प्रचलित हैं, जिनमें से अधिकांश सुरीली हैं, क्योंकि उनका संबंध सुरा और सुंदरियों से है। नीरजजी की एक कविता में बड़ा रोचक प्रसंग है कि वे एक चूड़ी बेचने वाली मनिहारिन के यहां तरह-तरह की चूड़ियां देख रहे हैं और सोच रहे हैं अपनी पत्नी के लिए कौन सी चूड़ी खरीदें कि तभी एक कंगन उनकी तरफ चला आता है। वे कहते हैं–

पर जब तक मैं कुछ मोल करूं उससे तब तक,
खुद मुझे खोजता कोई कंगन आ पहुंचा।
जब तक कुछ अपनी कहूं सुनूं जग के मन की,
तब तक ले डोली द्वार विदा-क्षण आ पहुंचा।

नीरजजी कंगन को एक प्रतीकार्थ देना चाह रहे हैं। पर मैंने कविसम्मेलन की असंख्य यात्राओं में देखा कि तमाम तरह के कंगन उनकी ओर खिंचे चले आते हैं। मैं दावे से कह सकता हूं कि बीसवीं सदी में किसी कवि को महिलाओं का इतना निश्छल प्रेम-स्नेह प्राप्त नहीं हुआ होगा, जितना नीरजजी ने हासिल किया।

मैंने देखा कि नीरजजी को उनकी महिला-मित्र एक अद्‌भुत सखाभाव से देखती हैं। नीरजजी को अपना ऐसा सखा मानती हैं, जिससे अपने जी की तमाम बातें की जा सकती हैं। सखी होने की पूरी लिबर्टी लेती हैं। आत्मीयता से अपने सखा को अधिकारपूर्वक डांटती हैं– एक परांठा तो खाना ही पड़ेगा। ...अब और बीड़ी नहीं पीने दूंगी। ...बहुत देर से बातें कर रहे हैं अब सो भी जाइए, वगैरा

वगैरा। ऐसी स्नेहपूर्ण डांटें वे निरंतर खाते रहते हैं। कोई-कोई सखी अचानक एकाधिकारिणी भी हो उठती है और नीरजजी मुस्कुराते हुए निरीह आज्ञाकारी।

वैसे वे ज्योतिष के परम ज्ञाता हैं पर मैंने कभी भी उन्हें किसी महिला का हाथ देखते हुए नहीं पाया। महिलाएं ही उनका हाथ पकड़कर उन्हें डांटती-समझाती रहती हैं। अलग-अलग नगरों में मैंने नीरजजी की अलग-अलग सखियां देखीं। सभी गंभीर, दायित्वबोध से परिपूर्ण, अपनेपन की आत्मीय प्रतिमाएं। मैंने नीरजजी के सखाभाव में एक साख पाई। नीरजजी के सुरापान के बारे में मैं साफ कर दूं कि वह उतनी पीते नहीं हैं, जितना झूमते और झुमाते हैं।

इंसानियत में घुला अध्यात्म का संदेश

मंच को नीरज का प्रदेय यह है कि उन्होंने मंच के माध्यम से व्यापक हिन्दी जनमानस को प्रेम और इंसानियत में घोलकर अध्यात्म का संदेश दिया है। वर्ग, वर्ण, धर्म, जाति-पांति से उठकर बृहत्तर मानवीय सरोकारों को उन्होंने बराबर रेखांकित किया है। इंसानियत के तमाम सकारात्मक तत्वों के प्रति वह बहुत ही आशावान रहते हैं। तीसरा युद्ध नहीं होगा, उनकी बहुत ही महत्वपूर्ण कविता है। कारवां गुज़र गया तो उनकी ऐसी रचना है, जिसे दशकों से दर्शक उनसे सुनते ही सुनते हैं।

लेकिन एक वाजिब शिकायत

पर नीरजजी से मेरी एक वाजिब शिकायत है। नीरजजी को पता ही नहीं है कि वे नीरजजी हैं। उन्हें अपनी प्रभावान्विति और अपार क्षमताओं का बोध नहीं है। ऐसा इसलिए लगता है कि मंच पर चल रही तमाम नकारात्मक प्रवृत्तियों के प्रति वे एक चुप्पी का सा रुख अपना लेते हैं। मैं जानता हूं कि मंच की विकृतियां उन्हें पचती नहीं हैं। ऐसे में वे क्या करते हैं कि मंच पर जाते ही कहते हैं कि उनका स्वास्थ्य ख़राब है, सो उन्हें जल्दी कवितापाठ करके जाने की अनुमति दी जाए। मंच के तमाम दुर्गुणों को सह न पाने की वजह से यह पलायन का रवैया है। मंच का स्वास्थ्य ख़राब बताने के स्थान पर वे स्वयं को अस्वस्थ बताते हैं। उन्हें यह भी लगता है कि हास्य कविताओं के इस होहल्ले में गीत भला कहां जम पाएगा। पहला गीत जमते ही वे भरपूर स्वस्थ दिखने लगते हैं और फिर घंटों सुना सकते हैं।

मंच का स्वास्थ्य खराब होने के लक्षण देखने के बाद नीरजजी को उनसे किनाराकशी नहीं करनी चाहिए बल्कि, स्वस्थ कविता के लिए आह्वान करना चाहिए। उन्हें समझना चाहिए कि उनके पास एक बहुत बड़ी फौलोइंग है। उनके आह्वान से स्थितियां सुधर सकती हैं। अस्सी-पारा यह नौजवान बहुत-कुछ कर

सकता है। पर वह करता नहीं है और भाग जाता है। मंच की मचान से अगर वह कोई बात कहेंगे तो मेरा विश्वास है कि बाकी लोग उसे क्लास के छात्रों की तरह सुनेंगे। पर वे कहें तो। फिलहाल मैं उनके लिए कहता हूं–

दहकी दर्द-सलाख मिलेगी नीरज में,
अरमानों की राख मिलेगी नीरज में।
तितली, कलियां, गलियां गिनना बंद करो,
सखा भाव की साख मिलेगी नीरज में।

तीन तरह की बत्तीसी

यों तो यमुना दिल्ली से बहते हुए मथुरा की ओर जाती है पर मैं सन् बहत्तर में मथुरा से बहते-बहते दिल्ली आ गया। आया इसलिए क्योंकि एम. ए. हिंदी में प्रथम श्रेणी तो आई लेकिन आगरा विश्वविद्यालय में प्रथम स्थान नहीं पा सका। विश्वविद्यालय में द्वितीय स्थान पर आने का दर्द मुझे दिल्ली लाने में प्रेरक तत्व रहा। लेकिन दिल्ली आकर मुझे प्रथम श्रेणी के मित्र मिले। ऐसे मित्र जिनके बीच अपने-पराए जैसा कोई बोध नहीं था। वे प्रगतिशील थे, प्रगतिकामी थे, मुक्तिकामी थे। समाज रूपांतर विधियों में संलग्न, एक ऐसी बलवती आशा से लैस, जैसे कल ही क्रांति होगी और परसों से पहले समाज बदल जाएगा। दमदार दिनचर्या होती थी उनकी और शानदार सपने। मैं भी ब्रज-मंडल से आए हुए अनेक युवाओं की तरह उनकी कक्षा का रक्तालोकस्नात सपनार्थी बन गया। बाबा नागार्जुन हमारे कम्यून में हफ्तों ठहरते थे। कभी युवाओं को समझाते थे कभी उनसे समझते थे। काले धन की बैसाखी पर टिकी हुई राजसत्ता से भरोसा उठ चुका था।

कभी मेरा उपन्यास उपन्यास खेलने का मन हुआ तो आठवें दशक के पूर्वार्द्ध के फील्ड से बाहर निकलने की तबीयत ही नहीं करेगी। अंतर्घट क्या, पूरा अंतर्कूप घटनाओं से पटा पड़ा है। जीवन की असली रस्सा-कस्सी सत्तर से अस्सी तक के हर पल की हलचल में बसी हुई है। इकहत्तर से छियत्तर तक तो खेल क्लाइमैक्स पर ही चलता रहा।

पुलिस भी हंस रही होती थी

हां तो, राजसत्ता से भरोसा उठा तो स्वतःस्फूर्त आंदोलन उठे। उठे भरोसे को बैठाने के लिए जे॰पी॰ आए, छात्र बहुत कुलबुलाए। जगह-जगह नुक्कड़ कविगोष्ठियां होती थीं। सब जगह माइक का बंदोबस्त हो ऐसा भी नहीं था। कविताएं सुनते वक़्त विश्वविद्यालय परिसरों का हुजूम इतना शांत हो जाता था कि कवियों

का फ़ुसफ़ुसाने का अंदाज़ भी सुनाई देता था। यदाकदा लोग फुसफुसाते थे–'पुलिस आई, पुलिस आई।' कुछ वहां से भाग लेते थे और कुछ घटना में पूरी तरह से भाग लेते थे और पकड़े जाते थे और छोड़ दिए जाते थे।

क्रांति भी हो रही थी और मज़ाक भी जारी था। श्री राजनारायण के भाषण हास्य कविताओं से कम नहीं होते थे। कई बार पुलिस उनको डंडा-डोली करते हुए उठा ले जाती थी। पुलिस भी हंस रही होती थी, वे भी हंस रहे होते थे और छात्र भी हंस रहे होते थे। गगनभेदी नारे गूंजते थे तो कई बार लाठियों के सक्रिय होने से मामला गंभीर भी हो जाता था। उन दिनों श्रीयुत राजनारायण उसी तरह के हीरो बने हुए थे जैसे आजकल लालू हैं। और हम ये क्यों भूल जाएं कि लालू जी की राजनैतिक शिक्षा-दीक्षा भी तो जे॰पी॰ आंदोलन के विश्वविद्यालय में ही हुई। लालूजी के बहुत सारे लटके-झटके देखकर मुझे मरहूम राजनारायण ख़ूब याद आते हैं।

यहां-वहां छुपता फिरता था

हल्ली-फुल्की नेतागिरी मैं भी करता था। बाबा नाच-नाचकर कविताएं सुनाते थे तो मैं कागज बांच-बांचकर सुनाता था। सफदर, काजल घोष, मनीष मनोजा और मैं मिलकर बकरी नाटक के गाने दिल्ली के कोने-कोने में गाया करते थे–

दिन में दो रोटी के हों जब देश में लाले पड़े,
हों सभी ख़ामोश सब की ज़ुबां पर ताले पड़े,
दिल दिमाग औ' आत्मा पर इस कदर जाले पड़े,
सूखे की शतरंज नेता खेलें दिल काले पड़े।
तोंद अड़ियल पिचके पेटों पर चलाए गोलियां,
हर तरफ फिर क्यों न निकलें क्रांतिकारी टोलियां,
फिर बताओ किस तरह ख़ामोश बैठा जाए है
अब तो खौले ख़ून रह-रहकर ज़ुबां पर आए है–
बहुत हो चुका अब हमारी है बारी,
बदल के रहेंगे ये दुनिया तुम्हारी।

मैं एक जोड़ी कुर्ता पाजामा झोले में लिए गिरफ्तारी से बचने के लिए यहां-वहां छुपता फिरता था। कभी मिलिट्री वाले मौसाजी के यहां तो कभी जननाट्य मंच के किसी सदस्य के घर।

पता नहीं उन दिनों कविसम्मेलन होते थे या नहीं होते थे। होते ही रहे होंगे चूंकि बागेश्री के ज़रिए पता चलता था कि काकाजी आज वहां जाते हुए रेलवे स्टेशन पर मिलेंगे और वहां से आते हुए बस अड्डे पर। यानी कविसम्मेलन भरपूर

चल रहे थे पर कविसम्मेलनों से मेरी दिलचस्पी तो सन् अड़सठ में ही समाप्त हो चुकी थी।

पाईथागोरस खोईथागोरस

पद्मश्री गोपालप्रसाद व्यास प्रारंभ से हमारे परिवार के संरक्षकों में रहे। वे मुझे चौंसठ से अड़सठ तक लगातार लालकिले के कविसम्मेलन में बुलाते रहे। सन् पैंसठ में भरतपुर के एक कविसम्मेलन में उन्होंने मुझे अपना पैन यह कहते हुए भेंट किया था कि जिस कलम से मैं 'यत्र तत्र सर्वत्र' लिखता हूं वह इस बालक को भेंट कर रहा हूं।

हज़ारों लोगों की उपस्थिति में पाया हुआ वह पैन मैंने दिल्ली के संघर्ष के दौरान ख़त्म कर दिया या खो दिया, मुझे याद नहीं, पर जानता हूं कि आदरणीय व्यासजी मुझे हृदय से चाहते थे। बहत्तर-तिहत्तर में वे चाहते थे कि मैं दिल्ली आ ही गया हूं तो कविसम्मेलनों में भी जाया करूं। पर उन्हें कैसे बताता कि जिन मित्रों के साथ मैं रहता था, वे और स्वयं मैं भी कविसम्मेलन की इस परंपरा को हेयदृष्टि से देखने लगे थे। हम तो नुक्कड़ गोष्ठियों और लघु पत्रिकाओं के कवि थे।

कविसम्मेलन उस समय भी गेय रहे होंगे लेकिन मैं था कि अपरिमेय ढंग से विरक्त था। कविसम्मेलन की शक्तिशाली प्रमेय समझाने के लिए कोई पाईथागोरस मेरे पास नहीं था। मथुरा का गोरस छोड़ आया था। जो चीज़ पाई, माफ करिए उसे पाईथागोरस भी नहीं जानते रहे होंगे। मैं भी नहीं जानता था। मैं खोईथागोरस हो गया था। यानि ऐसा ब्रजवासी जिसका गोरस खो गया हो।

क्योंकि मैंने गौना करा लिया

क्या पाया, क्या खोया, कितना सबके सामने हंसा कितना अकेले में रोया, क्या बताऊं। उत्साहपूर्वक तीन-चार साल संघर्ष किया लेकिन अंत में हाथ लगी एक हताशाश्री और हाथरस से जगी एक आशाश्री जिसका नाम था बागेश्री। नौकरी छूट गई तो बागेश्री मिल गई, बागेश्री मिली तो फिर से नौकरी भी मिल गई लेकिन, प्रगतिवादी पर्यावरण छूट गया। कुछ पाओ तो कुछ छूटता ज़रूर है। मेरे प्रगतिवादी मित्र मुझसे आशा छोड़ बैठे। मुझे वे 'गौन-केस' मान चुके थे, क्योंकि मैंने गौना करा लिया था। कुंवारा संघर्ष कर रहा होता तो शायद वे मुझे गौण न मानते। बहरहाल,

मैंने वरण किया,
उन्होंने कहा मरण है,
मैंने कहा—नहीं, यही तो
क्रांति का पहला चरण है।

मुक्तिबोध से प्रभावित

कविता हो रही थी पर कविसम्मेलन नहीं। मैं धुर बचपन से कविसम्मेलन की धुरी को पहचानता था। मुक्तिबोध और नई कविता आंदोलन के अध्ययन ने एक नई तरह की दुनियादारीविहीन समझदारी तो दी, लेकिन, कविसम्मेलन की ईमानदारी और दुकानदारी के प्रति सकारात्मक भाव समाप्त कर दिया। उन दिनों लगता था कि गीतकार अपनी भावुकता में आकंठ डूबे हुए हैं और कंठ के भरोसे काम चला रहे हैं। वीररस जैसी चीज़ हास्यास्पद लगती थी और हास्य में हास्य किधर से भी नज़र नहीं आता था। अगर कभी कोई सहज हास्य वाली कविता हंसाती भी थी तो अंदर धंसी हुई पीड़ाएं हंसने पर पाबंदी लगा देती थीं। मुझे अफसोस है यह स्वीकार करते हुए कि अपनी अल्पज्ञता में एक विद्रूपभरी मुस्कान के साथ काकाजी की कविताएं सुना करता था।

काकाजी का स्नेह बचपन से पाया था। मेरे बचपन के मित्र मुकेश आर्थिक रूप से बेहतर थे और काकाजी दिल्ली आने पर टैगौर पार्क में उनके पास ठहरते थे। एक दिन मैं मुकेश के कमरे पर गया, देखा कि काकाजी वहां आए हुए हैं। काकाजी ने मुझे बीस रुपए दिए और बोले–'लल्ला ये तुम्हारे दूध के ताईं हैं, हफ्ता दो हफ्ता चकाचक दूध पिऔ, मलाई छानौ और मौज करौ।'

दूध को कैसे पचाता

मैं मूर्ख उनके स्नेह को समझ नहीं पाया। पता नहीं क्यों मुझे ऐसा लगा कि काकाजी मुझे दया की दृष्टि से देख रहे हैं। यह तो सही था कि उन दिनों मेरे पास ढंग से खाने-पीने पहनने लायक धन नहीं था, लेकिन बीस रुपए दिए जाने को मैं पचा नहीं पा रहा था। उससे ख़रीदे हुए दूध को कैसे पचाता! मैं रुपए लेने से मना करके काकाजी का अपमान भी नहीं करना चाहता था। वे कोई पहली बार तो मिल नहीं रहे थे। बचपन से देखता आया हूं कि उन्होंने इसी तरह से सभी को प्रोत्साहित किया है। सुरुचि उद्यान, ब्रजकला केन्द्र के समय में हमने भी चवन्नियां ली हैं उनसे। रिक्शे की चवन्नी।

मौका पाकर मैं मुकेश के कमरे की बालकनी में गया। उस नोट के साथ एक चिट लगाई–'बहुत बहुत धन्यवाद काकाजी। इन दिनों वाकई दूध पीने लायक पैसे मेरे पास नहीं रहते हैं, दो हफ्ते के लिए आदत क्यों बिगाड़ूं?' नोट में आलपिन से पर्ची लगाई और काका के तकिए के नीचे चुपचाप रख दिया। अब मेरे मन पर कोई बोझ नहीं था। बहुत ही प्रसन्न था और मुझे काका की हर बात पर आनंद आ रहा था। मुक्त मन से उन्मुक्त खिलखिला रहा था। काकाजी भी मुझे गुदगुदायमान देखकर गदगदायमान थे। सहजता से बोले–'देखौ दूध के बीस रुपइया मिल्तेई कैसी बत्तीसी खिल गईऐ छौरा की!'

मुस्कुराकर आदर देते थे

मुझे और ज़ोर की हंसी आई क्योंकि मैं अपनी पर्ची के साथ रुपयों की बत्ती-सी बनाकर तकिए के नीचे पहले ही रख चुका था और व्यर्थ के अहंकार में मन ही मन सोच रहा था कि जब काकाजी तकिया हटाएंगे तो उनकी नकली बत्तीसी में असली हंसी नहीं आ पाएगी।

तीन तरह की बत्तीसी वाली यह बैठक लंबी चली। वे मेरी हास्य चेतना देखकर बोले– 'लल्ला तुम्हें कविसम्मेलन में जाना चाहिए, पहले की तरह। ...और ये जो तुम ऊटपटांग सी कविताएं लिखते हो, जो किसी की समझ नहीं आतीं, इनका पल्ला छोड़ो और कविसम्मेलन में आओ। सीधी सरल कविताएं लिखो, जो सब तक पहुंचें। ऐसी कविता से क्या हासिल जिसे कोई समझ ही न पाए। तुम जनता के आदमी कहां हुए, कैसे हुए? कोई तुम्हारी बात समझता नहीं और कहते हो जनता का भला करने निकले हो! इस तरह से जनता का भला थोड़े ही होगा। मुझे समझाओ, बात समझ में आएगी तभी मानूंगा। ऐसे थोड़े ही मान लूंगा!'

उन दिनों हम ऐसे बुजुर्ग लोगों को बहस के योग्य नहीं समझते थे। मुस्कुराकर आदर देते हुए कहा– 'काकाजी कोशिश करूंगा।' वे बोले–'नहीं तुम टाल रहे हो भइया, टरका रहे हो हमें! जैसी तुम्हारी मर्जी, हमने तो लगा दी है अर्जी। सरल लिखो सरल। जो समझ में आए वो ही असल।'

संक्रमण का दौर

वे दिन अलग थे। मुक्तिबोध कुछ इस क़दर हावी थे कि शिल्प और कविता की न्यूनतम शर्तें अगर न दिखें तो आनंद ही नहीं आता था। मुझे तो कविता में पूर्णतम परम अभिव्यक्ति की तलाश थी। सारे गढ़ और मठ तोड़ना चाहता था उन दिनों। साहित्यकार, पत्रकार, कवि, बुद्धिजीवी सब के सब मृतदल की शोभायात्रा में शरीक नज़र आते थे। लगता था कि ये जो कविताएं मंच पर सुनाई जाती हैं इनका जनमन से कोई सरोकार नहीं है। ये कविताएं जनता की किस्मत को नहीं बदल सकतीं। मनोरंजन के नाम पर जो हो रहा है ग़लत है।

कोई काला पत्ता

अजीब से संक्रमण का दौर था। जिसमें पूरा समाज एक आपातकाल झेल रहा था। बकौल कुबेर दत्त 'पात पात आपात' या कहूं–'काल काल दुष्काल।' कोई काला पत्ता था जो आ बैठा था सबकी चेतना की सत्ता पर। अलबत्ता एक बात पता नहीं क्यों समझ में नहीं आती थी कि जब हम लोग जनता के बीच जाते थे तब तो नाटकों के गाने गाते थे और जब कविताएं लिखते थे तो ऐसी

जिन्हें हज़ार पांच सौ लोगों से ज़्यादा लोग समझ ही न पाएं। अप्रत्यक्ष को प्रस्तुत करने वाले शिल्प कविता पर हावी थे।

बदली की बात मानकर बदल गया

मैं अपने क्रांतिकारी साथियों से विलग हो गया, जानबूझकर नहीं, जामिआ की नई नौकरी के कारण। जामिआ मिल्लिया इस्लामिया, दिल्ली विश्वविद्यालय से दूर थी। डीयू से चलो तो लालकिले तक के लिए तो कई सारी बसें थीं, लेकिन लालकिले से सिर्फ नौ नंबर की बस चलती थी, ओखला के लिए।

एक दिन में साढ़े बारह रुपए के पास को ज़िन्दाबाद करता हुआ ये बादल कितनी बसें बदलता था कुछ याद नहीं। पर अपनी बदली से मिले बिना भी तो चैन नहीं पड़ता था।

इधर-उधर भटकने वाला बादल एक दिन बदली की बात मानकर बदल गया। पेशे-ख़िदमत है एक कविता जो हाल ही में लिखी है पर पुरानी यादों से जुड़ी है।

आपकी बत्तीसी न भी दिखी तो चलेगा, पर मरुथल की हरियाली दूब की तरह क्षणभर को मुस्कुरा ज़रूर देना।

बादल से बोली बदली- ये उतावली नहीं भली!
मुझे छोड़ के भागा जाता, किस रस्ते, अनजान गली?

बादल बोला- ओ बदली! मैंने राह नहीं बदली।
तेज़ हवा ले जाय जिधर, वो मेरी मंज़िल अगली।

बदली को आया गुस्सा, बादल को मारा घिस्सा-
दुष्ट हवा कैसे लेगी, मेरा हक़ मेरा हिस्सा?

मुझको अपनी कहता है, संग हवा के बहता है।
वो तेरा कुछ भला करेगी, किस ग़फ़लत में रहता है?

प्यासा मरुथल तरसेगा, तुझसे ही तो सरसेगा।
संग हवा के लगा रहा तो क्या सागर पर बरसेगा?

मुझको अंग लगा ले तू, अपने संग मिला ले तू
हिला न पाएगा कोई भी, अपना वज़न बढ़ा ले तू।

बदली जी को जमा गई, बात अकल की थमा गई
बाहें फैलाईं बादल ने, बदली उसमें समा गई।

दोनों गए स्नेह में डूब, दोनों मिलकर बरसे ख़ूब
फिर कुछ दिन के बाद दिखी, मरुथल में हरियाली दूब।

धूमिल ने पूछा भूख क्या होती है

ये बात होगी लगभग तेतीस साल पुरानी। बांदा में आयोजित तीन दिवसीय प्रगतिशील लेखन सम्मेलन का यह तीसरा दिन था, जिसके समापन समारोह के रूप में कविसम्मेलन होना था। बाज़ार की चर्चाओं में यह बात शामिल थी कि भारत के कोने-कोने से बड़े टॉप के कवि आए हुए हैं। शहर को रात का इंतज़ार था।

मैं चिंतित था कि 'टॉप के कवियों' को शहर की बलवती उम्मीदों की कोई चिंता नहीं है। वे तो पिछले दो दिनों से वामपंथी विचारधारा में संशोधनवादी समझ को लेकर दनादन बहसें कर रहे हैं। बांदा बस स्टॉप के पान की दुकान पर मैं गीतकार रमेश रंजक के साथ 'टॉप के कवियों' के बारे में बतिया रहा था।

नये प्रगतिवादी

हम दोनों पुराने कविसम्मेलनी और नए प्रगतिवादी थे। हम दोनों ही कविसम्मेलनों में जाना छोड़ चुके थे। वे 'नवगीत' में आने के कारण, मैं 'नई कविता' से प्रभावित होने के कारण। मैं बाईस का था, वे बत्तीस के थे। मेरी अक्कल दाढ़ नहीं निकली थी, उनकी ज़ाहिर है निकल चुकी होगी, पर मैं समझता था कि मामला उल्टा है।

अक्कल सींग निकले

कई बार उनकी जिज्ञासाएं शिशुवत लगती थीं। पान की दूकान पर उन्होंने मुझसे सहज उत्तेजना में पूछा- 'धूमिल में ऐसा क्या है? ऐं! बताओ क्या है उसमें?' ऐसे प्रश्न सुनकर अचानक मेरे अक्कल सींग निकल आते थे और मैं अपने नवार्जित ज्ञान से उन्हें लहूलुहान करके ही दम लेता था–'एक सचेत भारतीय देहाती की धक्कामार भाषा की साफगोई क्या होती है, जानते हैं रंजक जी! वो जीभ और

जांघ के चालू भूगोल की बात करता है। मोचीराम के ज़रिए जूते को आईना बनाकर हम आप जैसों को हमारी मध्यवर्गीय बेईमान चेतना का चेहरा दिखाता है और बताता है कि भारत में समाजवाद मालगोदाम पर लटकी उन बाल्टियों की तरह है जिन पर लिखा रहता है आग और भरा रहता है पानी... जैसे कोई मादा भेड़िया किसी मेमने का सिर चबा रही हो और अपने छौने को दूध पिला रही हो...! इस पटकथा को पढ़ने के लिए पट खोलने पड़ेंगे। ये नवगीत के टटके बिंब नहीं हैं रंजक जी, मामला हटके है।'

वे अचानक परास्त होते हुए कहते- 'तुम करन-सुधीश के साथ रहते हो अशोक, तुम्हारे पास समझने का मौका ज़्यादा है, अपने पास नहीं है। तुम इतनी कम उमर में यूनिवर्सिटी के कॉलिज में पढ़ा रहे हो और हम अटके हुए हैं नगरपालिका के स्कूल में। मानो न मानो इसका काफ़ी फ़रक पड़ जाता है।'

उनका यह हथियार-डालू रूप देखते ही मेरे अक्कल सींग खोपड़ी की ढाल में वापस समा जाते और मैं अतिशय विनम्र होकर कहता- 'अरे, नहीं नहीं रंजक जी, आपके व्यापक अनुभव-ज्ञान के आगे भला मैं कहां ठहरता हूं। आपके पास एक छंद-शास्त्रीय अभ्यास है, लोक-तत्वों का प्रामाणिक यथार्थबोध है और जीवन का सुदीर्घ शोध है। आप कविता की वाचिक परंपरा का चकाचक ज्ञान रखते हैं। इसलिए सब मान रखते हैं आपका!' मेरे मरहमी वाक्यों से वे प्रसन्न हो जाते थे और पुनः गर्वीले हो उठते थे।

केन नदी के घाट पर

बांदा में केन नदी के घाट से थोड़ी दूर, एक इंटर कॉलिज के प्रांगण में, हर प्रकार की काट के प्रगतिवादी आ लगे- अतिवामपंथी, वामपंथी, उदारवादी, संशोधनवादी। उद्देश्य था कि सारे के सारे प्रगतिवादियों का एक कॉमन मंच बने, कॉमन एजेण्डा हो। सम्मेलन का आयोजन ट्रेड यूनियन लीडर रमेश सिन्हा के सहारे बांदा के प्रगतिशील कवि केदारनाथ अग्रवाल और रणजीत ने किया था। यह सम्मेलन विचारों का एक विराट अखाड़ा था जिसमें बड़े-बड़े प्रगतिशील दिग्गज और बुजुर्गवार आए हुए थे। ऐसे महारथी जिन्होंने प्रगतिशील आंदोलन की बुनियादों में कहीं न कहीं अपने हस्ताक्षर किए थे।

ख़ूब देर तक ख़ूब बातें

उद्घाटन महादेवी जी को करना था पर वे नहीं आ पाईं तो अमृतराय ने किया। सज्जाद जहीर, मन्मथनाथ गुप्त, भगवतशरण उपाध्याय, बाबा नागार्जुन, त्रिलोचन, बालकृष्ण बलदुआ, शील जी, सव्यसाची, विश्वंभरनाथ उपाध्याय। कई कवि-आलोचक- खगेन्द्र ठाकुर, राजीव सक्सेना, श्याम सुंदर घोष, चन्द्रभूषण

तिवारी, सुरेन्द्र चौधरी, धूमिल, शिव कुमार मिश्र, श्याम बिहारी राय, सुरेन्द्र नाथ तिवारी, विजेन्द्र, उद्भ्रांत, ललित मोहन अवस्थी, रमेश रंजक, आनंद प्रकाश और शिवराम। युवा समीक्षक-कवियों-कथाकारों में सुधीश पचौरी, कर्णसिंह चौहान, सनत कुमार, रमेश उपाध्याय, राजेश जोशी, महेन्द्र नेह और मनमोहन थे। किन किनको याद किया जाए, देश भर से लगभग सौ-सवा-सौ रचनाकार रहे होंगे। सबके पास ख़ूब देर तक, ख़ूब सारे मुद्दों पर, ख़ूब ज़्यादा बोलने की क्षमता थी। जितनी गोष्ठियां होती थीं उसमें विरोधी विचार तत्काल प्रकट हो जाते थे।

सुबह शाम केन नदी बड़े काम में आती थी। वहां सारे कर्म हो लेते थे। ऐसा नहीं कहूंगा कि ठहराने के अच्छे इंतज़ाम नहीं थे लेकिन प्रकृतिप्रदत्त सुविधाएं प्यारी लगती थीं। केन नदी हर प्रकार से सहयोग दे रही थी। मिट्टी से हाथ रगड़ कर धोते हुए गीतकार रमेश रंजक ने मुझसे पूछा- 'संशोधनवाद तो अच्छी चीज़ होनी चाहिए, इसे इतना बुरा क्यों माना जा रहा है?' मैं फटी आंखों से उन्हें देखता रह गया- 'कमाल है रंजक जी! दो दिन से संशोधनवाद पर हर कोई घिस्सा लगा रहा है और किस्सा आपकी समझ में ही नहीं आया!' वे अपने भोले अहंकार में बोले- 'आज तक हमने अपने किसी गीत में किसी से संशोधन नहीं करवाया, नए लोगों के कितने ही गीतों में संशोधन किए है।' मैं नया-नया मुल्ला मार्क्सवाद का, जितनी ओलम सुनी और वर्णमाला सीखी थी उसी के आधार पर मैंने रंजक जी को केन नदी के घाट पर संशोधनवाद का पाठ पढ़ाया।

सम्मेलन के प्रतिभागियों को चार हिस्सों में बांटा जा सकता है- एक वे जो कविता करते थे और दूसरे वे जो कविता के साथ-साथ कविता की समीक्षा भी करते थे। तीसरे वे जो कथाकार थे। चौथे वे जो व्यथाकार थे, कविता और साहित्य को महत्वपूर्ण न मानकर समाज के परिवर्तन की विधियों को महत्वपूर्ण मानते थे। रचना के आंदोलन के स्थान पर आंदोलन की रचना रचवाना चाहते थे।

विलक्षण बनारसी ठसक

सम्मेलन का आकर्षण थे धूमिल इसमें कोई दोराय नहीं। ठेठ ग्रामीण सज-धज में एक बिखरा-बिखरा लेकिन निखरा-निखरा सा व्यक्तित्व। शानदार कद-काठी, उस पर सर्दियों के कारण मोटा गर्म कुर्ता सिलेटी से रंग का, उस पर गर्म जाकेट और एक अदद चौखाने का भारी कम्बल, जिसका एक छोर रोमन राजाओं की तरह ज़मीन पर घिसटता हुआ चलता था। वे स्वयं चलते थे मत्तगयंद छंद वाली चाल में, झूमते हुए। चलते-चलते अपनी मोटी खादी की धोती की लांग भी ठीक करते जाते थे। उनके अगल-बगल कुछ अतिवामपंथी नौजवान चलते थे। एक निराला ही अंदाज़ था धूमिल का।

भूख क्या होती है

निराला जी को मैंने देखा नहीं पर यों ही अनुमान लगा रहा हूं कि कुछ ऐसा ही अंदाज़ उनका भी रहा होगा। धूमिल ज़ोर-ज़ोर से बोलते थे, इसलिए नहीं कि वे जो बोल रहे हैं सबको सुनाना चाहते हैं, बल्कि उनका हाई वॉल्यूम में बोलना शायद चौपाल पर बतियाने के उनके देशज अभ्यास के कारण रहा होगा। मुझे लगता था जैसे वे प्रसाद की कहानी से निकल आए कोई पात्र हैं जिनमें एक विलक्षण बनारसी ठसक है। मैं धूमिल को मुग्ध भाव से देख रहा होता था।

संगठन गोष्ठी की बहस शिखर-पर चल रही थी। हर कोई मार्क्स और एंगिल्स की टिप्पणियां उद्धृत कर रहा था। एक बिंदु ऐसा आया जब अचानक धूमिल खड़े हुए और बोले- देखिए आप लोग हैं मार्क्स के रसोइए और ये जान लीजिए कि मैं खुद मार्क्स हूं। क्या आप बता सकते हैं कि भूख क्या होती है?'

बहस रुक गई
सारी बहस कुछ पल के लिए रुक गई।

फ़िलहाल मैं भी रुकता हूं। धूमिल की धूमिल न होने वाली और रंजक जी की कुछ और रंजक बातें अगली बार। और अगली बार ही उस रात के कविसम्मेलन का वर्णन ब्यौरेवार। अभी धूमिल की स्मृति को समर्पित है मेरी एक कविता-

यमदूत यमराज को रिपोर्ट सुना रहा था,
यमराज को गुस्सा आ रहा था-
क्या कहा, ये भी भूख से मरा,
कहते हुए शर्म नहीं आती ज़रा!
क्या बकता है?
भूख से कोई कैसे मर सकता है?

यमदूत घिघियाया- मौताधिपति!
पड़ौसियों ने तो यही बताया।
घर में नहीं थे अन्न के दाने,
ये लगा घास की रोटी चबाने।
महाजन को ज़रा भी दया नहीं आई,
बिना पैसे अनाज की
बोरी नहीं खुल पाई।
इस प्रकार हे डैथाधीश!

ये भूख से मर गया
और राम के नाम को
सत्य कर गया।

यमराज सुनकर
पलभर को हुए उतावले,
फिर बोले- बावले!
ये भूख से नहीं,
कुपोषण से मरा है,
इंसान द्वारा इंसान के
शोषण से मरा है।

क्या होती है थेथरई मलाई

फरवरी महीना सैविण्टी थ्री का, बांदा शहर यू॰पी॰ का। मौसम-माहौल ठंडा स्थानीय बाज़ार का, लेकिन बाज़ार गर्म बतरस-गुंजार का। बतरस-गुंजार में गुनगुना ज़िक्र कविसम्मेलन का, मन में सिलसिला अजीब उद्वेलन का, चिंतापरक अनुमानों के आघात का, कैसा होगा कविसम्मेलन रात का? तो मेहरबान, कदरदान! अब खुलासा करता हूं पीछे छोड़ी हुई बात का–

सुनेंगे आप मेरी बात?

धूमिल से जुड़ी स्मृतियों में उनका एक शब्द कतई धूमिल नहीं हुआ, हालांकि उस शब्द का अर्थ अभी तक धूमिल है। शब्द था–'थेथरई', जो मलाई के साथ विशेषण के रूप में लगाया गया था। थेथरई मलाई! मलाई-मलाई तो सब जानते हैं, थेथरई-थेथरई, मुमकिन है न जानते हों। 'थेथरई मलाई' का ज़िक्र उन्होंने दो बार किया। एक बार दिन में और एक बार रात में।

बांदा सम्मेलन के अंतिम दिन के अंतिम सत्र में संगठन के संयुक्त कार्यक्रम के मसौदे पर बहस चल रही थी। सनत कुमार अचानक बहुत गर्म हो गए और मन्मथनाथ जी ने कोई टिप्पणी कर दी जिस पर सारा वातावरण कुम्हार के अवे जितना अंदर ही अंदर धधक गया। रात को कविसम्मेलन होना था, उसकी चिंता किसी को नहीं थी। संगठन के लक्ष्य निर्धारित हो जाएं और किसी प्रकार संगठन बन जाए, ये चिंता का एकमात्र विषय था। सुधीश पचौरी और कर्णसिंह चौहान ने अपना दबदबा कायम कर लिया था, लेकिन निर्णय का बिंदु निकट नहीं आ पा रहा था। युवा आत्मविश्वास को बुजुर्ग शंकाएं परास्त किए दे रही थीं। बहस, बहस और बहस। बेहिसाब बहस। क्योंकि सबके सब ज्ञानी। परम ज्ञानी। सबके पास एक अदद अंतिम सत्य। ध्वनियों के परस्पर काटू अंतर्नाद को अचानक धूमिल की बुलंद आवाज़ ने शांत कर दिया– 'ठहरिए, मैं बताता हूं आपको कि करना

क्या है! सुनेंगे आप मेरी बात? बोलिए सुनेंगे! या थेथरई मलाई ही चाटते रहेंगे!'

थेथरई मलाई क्या होती है, किसी ने किसी से नहीं पूछा तो मैं भी किसी से क्यों पूछता। फैसला हुआ कि एक छोटे अंतराल के बाद फिर से मिला जाएगा। गहमागहमी बरकरार रही। लोग बाहर निकले और छोटे-छोटे समूहों में बंट गए। सव्यसाची सनत कुमार को समझाते-बुझाते नज़र आ रहे थे। बाबा नागार्जुन और त्रिलोचन नौजवानों की तरह मगन-मस्त थे। नौजवान बुजुर्ग हुआ चाहते थे। धूमिल अब करन-सुधीश के साथ आ मिले। वे तीनों कागज-पत्तर संभाले हुए चल दिए केन नदी के तट की ओर। मैं और रंजक जी पीछे-पीछे। वे लोग बात कर रहे थे संगठन की और अपन दोनों कविसम्मेलन की।

जनता उमड़ पड़ी

पूरा शहर जानता था कि साहित्य के धुरंधर लोगों का कुम्भ लगा हुआ है। दिग्गज कवि आए हुए हैं। जनता ने पैसा भी उदारतापूर्वक दिया था। प्रबंध बड़े अच्छे थे। आयोजन अच्छा था। भोजन बड़ा अच्छा था। कविसम्मेलन महीनों पहले घोषित हो चुका था।

रात में हुआ कविसम्मेलन। आयोजकों को अनुमान भी न रहा होगा कि इतनी जनता कविता सुनने आ जाएगी। माना कि केदार बाबू और रणजीत ने शहर में कविता के अच्छे संस्कार डाले थे, अन्य कस्बों की तुलना में यहां के श्रोता बेहतर सांस्कृतिक समझ रखते थे, लेकिन जनता तो उमड़ पड़ी मेले वाली। जिसको कविता नहीं चाहिए थी झमेले वाली। कविसम्मेलन का संचालन रंजीत कर रहे थे। संचालन भी बारी-बारी बदलता रहा क्योंकि किसी को किसी की कविता के बारे में कोई खास पता नहीं था। नाम पुकार दिया जाता था, कवि आ जाता था और हूट होने के बाद अपने स्थान को प्राप्त होता था। कवि धराशाई होते गए, एक के बाद एक। ये सारे के सारे कवि जाने कौन सी भाषा में जनता को संबोधित कर रहे थे। बोल तो रहे थे जनता के पक्ष की बात पर जनता के पल्ले नहीं पड़ रही थी।

मुझे अपने बचपन के कविसम्मेलन याद आ रहे थे जब मैं व्यंग्य की सीधी सरल या कुछ वीररसनुमा कविताएं सुनाकर मजमा जमा दिया करता था। पर अब तो इस नौजवान की मानसिकता बदल चुकी थी। मैं उस प्रकार की कविता से स्वयं को ऊपर उठ चुका मानता था।

गीत विहग उतरा

ऐसा ही रमेश रंजक जी के साथ था पर वे मंच के पुराने और मंजे हुए खिलाड़ी थे। उन दिनों नवगीत की नई हवा के साथ उनका गीत विहग मंच की मचान

से उतर आया था। एक पुस्तक छप चुकी थी–'गीत विहग उतरा'। नवगीत के हलके में उसका भारी स्वागत हुआ, परंतु रंजक जी के आदरणीय जीजा जी, सुधीश पचौरी के पिताजी और बचपन से मैं जिन्हें कहता था–ताऊजी, डॉ॰ भगवान सहाय पचौरी ने कहा 'विहग' में 'वि' उपसर्ग है, गीत विशेष प्रकार से ...के उतरा है।' जब रंजक जी की अगली पुस्तक 'हरापन नहीं टूटेगा' आई, तब भी जीजा जी नहीं चूके, उन्होंने हरापन को हरामपन कह डाला। जीजाजी थे, कह सकते थे।

शब्द रिश्तेदारों की तरह

मैं जानता हूं, रंजक जी किसी पार्टी के नहीं, गीत के होल टाइमर थे। गीत के लिए उन्होंने जीवन दांव पर लगा दिया। वे गीत की सांस लेते थे, गीत की नींद। बात करते थे तो गीत का सिरहाना लगा कर, चलते थे तो गीत की टेक पर, गीत को टेक कर। हंसते थे तो गीत के लिए, मुस्कुराते थे तो गीत के लिए। मैंने देखा कि उनके गीतों में समा सकने वाले शब्द भी उनकी तलाश में भटक रहे होते थे।

वे शब्द गांव के रिश्तेदारों की तरह उन्हें ढूंढते हुए आते थे, उनके गीतों के मकान में किराएदार बनने के लिए। खेती-किसानी के, चक्की-पिसानी के, पशुओं की सानी के, लोक-लासानी के, मैयत-मसानी के, माता-निसानी के, नेजा-धंसानी के, हंसुली-हंसानी के, फंदे-फंसानी के, हंसिया-घिसानी के, गरीब-गुरबा की परेसानी के, अपना सानी न रखने वाले शब्द। मुझे रंजक जी इसलिए भी पसंद आते थे क्योंकि मैं भी उनके शब्द-लोक का एक शब्द था।

जैसे ही उनके सत्तर-अस्सी गीत पूरे हुए, वे कहते थे–अशोक एक संकलन और डाल रहा हूं। मुझे लगता था जैसे साहित्य की कूबड़-काबड़ ऊबड़-खाबड़ रजाई में अपने संकलन की सुई से धागा डालने वाले हैं। वे दूसरों को उखाड़ने के चक्कर में कई बार खुद उखड़ जाते थे। लोकपरक सुई की चुभन वाले उनके प्रखर गीत सुनना बहुत अच्छा लगता था, पर उन्हें गीतेतर सुनने के बारे में लोगों की अलग-अलग राय हो सकती हैं।

दोबारा थेथरई मलाई

बहरहाल, उस कविसम्मेलन में रंजकजी का एक नवगीत तो प्यार से सुना गया, दूसरा सुनाते वक्त थोड़ी हलचल दिखी तो उन्होंने श्रोताओं को बुरी तरह डांट दिया। श्रोताओं ने 'जैसे को तैसा' शैली में उनका दूसरा गीत फिर सुना ही नहीं। सुरीले गीत का बेसुरा विरोध हुआ।

शीलजी के सरल गीत जम गए। मनमोहन की छोटी कविता ध्यान से सुनी गई। बाबा ने ठुमके लगा लगाकर कविताएं सुनाईं, सबने सुनीं, लेकिन त्रिलोचन

पर श्रोताओं ने कृपा नहीं की। उद्भ्रांत की कविता कथात्मक थी, चल गई। लेकिन अधिकांश कवियों को नहीं सुना गया।

धूमिल का ग्लैमर कवियों पर तो भरपूर था पर श्रोताओं को अपना जादू नहीं दिखा सका। लगभग पांच हजार लोगों के चेहरों से टपक रहे नैराश्यभाव को देखकर वे बड़बड़ाए– 'इनको दो थेथरई मलाई, कविता कौन ससुर चाहता है।'

ज़रूरी नहीं है

मेरे दिमाग में फिर से सवाल उठा कि थेथरई मलाई क्या होती है? पर पूछा नहीं। मैं जानता हूं कि आज भी किसी बनारसी विद्वान से पूछूंगा तो बता देंगे। उदाहरणों और वाक्य-प्रयोगों से समझा भी देंगे। लेकिन ज़रूरी क्या है कि हर शब्द का अर्थ जाना जाए। आप में से किसी को यदि थेथरई मलाई का अर्थ पता लगे तो कृपया मेरा ज्ञान बढ़ाने में चूकें नहीं। ये जानते हुए भी कि मैं लगभग नहीं जानना चाहता।

उस कविसम्मेलन में मज़े की बात ये थी कि कवि एक के बाद एक वीरगति को प्राप्त हो रहे थे फिर भी कोई अपना नाम वापस नहीं ले रहा था। कवि सूची बढ़ती ही जा रही थी।

अजी, मैंने भी सुनाई। अप्रत्याशित रूप से जम गई। वो कविता मेरे पास नहीं है। कहीं छपी भी नहीं। एक मजदूर के श्रम की विडम्बनाओं भरी कहानी थी। अब तो उसकी कुछ शुरुआती पंक्तियां याद हैं बस–

झोंक झोंक झोंके जा बॉयलर में कोयला
मशीन कुछ और तेज़ चला
चिनता जा दीवारें
जो खड़ी होकर तुझमें ही थप्पड़ मारें...

टोटके और उनके घोटके

मेरे महागुरु मुक्तिबोध ने 'चांद का मुंह टेढ़ा है' नामक कविता में लिखा था–

आसमान पी गया...
सच्चाइयां घोट के,
मनुष्य को मारने के ख़ूब हैं
ये टोटके!
गगन में कर्फ़्यू हैं,
धरती पर ज़हरीली छी: थू है!

मुक्तिबोध की लंबी-लंबी कविताएं याद रखना आसान काम नहीं है। पर जहां वे कविता में तुक मिलाते हैं, वे हिस्से फौरन याद हो जाते हैं। ये अंश तो मुझे यों भी बहुत पसंद हैं, चूंकि इसमें 'टोटके' का ज़िक्र है। अनेक वर्ष से मैं कविसम्मेलन मंच पर टोटकों का इस्तेमाल देखता आ रहा हूं, जिनके रहते इन दिनों 'कविसम्मेलन का मुंह टेढ़ा है'। कविसम्मेलन में कर्फ़्यू लगा कर इन्हें रोका तो नहीं जा सकता, क्योंकि ये तत्काल हंसी के अचूक उपक्रम होते हैं, लेकिन बाद में अनेक संजीदा श्रोताओं की 'छी: थू' अवश्य सुनी जा सकती है।

टोटका, टोटका बनने से पहले जब पहली बार एक मौलिक उक्ति के रूप में जन्म लेता है तब शब्द के नए अर्थ-विस्फोट का सचमुच का आनंद आता है, लेकिन जब बारंबार दूसरों द्वारा दोहराया जाता है टोटका, तो काम हो जाता है खोट का।

टोटकों की ताकत

काम खोट का है, ये तो हम जानते हैं, भोले श्रोताओं को क्या पता! वे तो हर बार टोटके पर मज़ा लेते हैं, हंसते हैं और तालियां बजाते हैं। टोटके के बारे में

घोटके देखा जाना चाहिए कि आखिर उसकी ताक़त क्या है। हज़ारों बार दोहराए जाने के बावजूद वे असरदार क्यों हैं? धन्य है टोटके का जनक, जिसकी भनक कविगण मंच पर नहीं लगने देते। टोटके मंच पर चल रहे थे, चल रहे हैं, आगे भी चलेंगे। मैं कुछ टोटकों की सूची दे रहा हूं। यह सूची भविष्य में इनके चलन को और भी सुविधा प्रदान कर सकती है।

मेरे पास लगभग पांच सौ सदाबहार टोटकों का डेटाबेस है। यहां मैं अपनी अधिकतम जानकारी के आधार पर कुछ टोटकों के साथ, टोटके की स्थिति, टोटका-कथन, उस टोटके का जनक अथवा मंच पर प्रथम-प्रसारक, टोटके की अनुमानित आयु अर्थात टोटकायु, टोटके का समयानुकूल कथन-विस्तार, टोटके का घोटका अर्थात घोटका-मथन के रूप में उसका मनोवैज्ञानिक, सौंदर्यशास्त्रीय अथवा सामाजिक विश्लेषण और निष्कर्ष रूप में उनके उपयोग के कारण आदि बता रहा हूं।

आप तो अपना काम करिए

स्थिति / कवि अथवा संचालक बोल रहा है। अचानक हाथ में बेंत लिए एक बलिष्ट कार्यकर्त्ता मंच के सामने से गुज़रता है। **टोटका-कथन** / पिछले सप्ताह के एक कविसम्मेलन में ऐसे ही एक सज्जन जा रहे थे, मैंने उनसे पूछा–'भाई साहब, लाठी लेकर कहां जा रहे हैं?' वे बोले–'आप अपना काम करिए, मैं तो उसे ढूंढ रहा हूं जिसने आपको यहां बुलाया है।' **जनक अथवा विस्तारक** / अनुमानतः भारतेन्दुकाल की नाट्य मंडली का सूत्रधार। **टोटकायु**/ लगभग एक सौ पचास वर्ष। **कथन-विस्तार** / तो दोस्तो! मैं आपको बता दूं मुझे यहां अमुक जी ने बुलाया है। मैं तो चला जाऊंगा, आप अमुकजी से निपटते रहना। **घोटका-मथन**/ (क) जनता कविसम्मेलन को मनोरंजन का साधन मानती है। (ख) कवि का अपने ऊपर व्यंग्य। (ग) कविसम्मेलन के आयोजक अमुक जी का नाम चतुराई से लेना, ताकि श्रोताओं को पता चल सके कि आयोजन के मूल में मुख्य व्यक्ति कौन है।

निष्कर्ष / यह टोटका अनन्तकाल तक चल सकता है क्योंकि इसमें स्वयं पर व्यंग्य है। लेकिन, आयोजक का नाम लेने से इसमें चाटुकारिता-दोष आ जाता है।

आप तो अपना काम करिए

स्थिति / कवि अथवा संचालक देखता है कि कोई व्यक्ति अपने बैठने के लिए स्थान खोज रहा है। **टोटका-कथन** / भाई साहब जहां हैं, वहीं बैठ जाइए। वो आज नहीं आईं हैं, जिन्हें आप ढूंढ रहे हैं। **जनक अथवा विस्तारक** / कविवर बालकवि बैरागी। **टोटकायु**/ लगभग पच्चीस वर्ष। **कथन-विस्तार** / बैठ जाइए

भाईसाहब! कोई स्वादिष्ट सा पड़ोस देखकर बैठ जाइए। **घोटका-मथन** / (क) पुरुषों की शाश्वत महिलाखोजी वृत्ति (ख) महिलोन्मुखी होते हुए रंगे हाथ पकड़े जाना। (ग) 'पड़ोस' शब्द महिला की ओर संकेत करता है और महिलाओं को स्वादिष्ट कहना सुरुचि में नहीं आता।

निष्कर्ष / यह टोटका हंसी तो देता है लेकिन कथन-विस्तार उत्तमकोटि का नहीं है क्योंकि यहां किसी एक श्रोता को हास्य का माध्यम बनाया जा रहा है।

सदाबहार टोटका

स्थिति / कविसम्मेलन प्रारंभ हो चुका है। कोई सज्जन अकेले अथवा अपनी सजनी के साथ पंडाल में प्रवेश करते हैं। **टोटका-कथन** / आइए, आइए। आप बिल्कुल ठीक समय पर आए हैं, वो तो हमीं कुछ पहले आ गए थे। **जनक अथवा विस्तारक**/ सत्यदेव शास्त्री 'भोंपू'। **टोटकायु** / अनुमानतः तीस वर्ष। **कथन-विस्तार** / वैसे भी जो वी॰आई॰पी॰ होते हैं, देर से ही आते हैं। **घोटका-मथन**/ (क) नियम तोड़ने वालों के प्रति उपहास। (ख) आत्म प्रवंचना।

निष्कर्ष / यह टोटका मध्यम कोटि का है लेकिन सदाबहार है। सभी की दृष्टि नवागंतुकों पर तब तक लगी रहती है, जब तक वे बैठ नहीं जाते। उनमें यदि कोई महिला हो तो शर्म के कारण उसकी स्थिति विषम हो जाती है। यह मज़ाक कुपित करने वाला नहीं होता।

देर से आए, वही बचे

स्थिति / कुछ श्रोता अत्यधिक विलंब से आते हैं और आगे की अगली ख़ाली सीटों पर बैठ जाते हैं। **टोटका-कथन** / स्वागत है बैठ जाइए। आप खूब फायदे में रहे। दोस्तो! इन्हें मालूम है कि अमेरिका में 11 सितंबर के वर्ड ट्रेड टावर विध्वंस में वे ही लोग फायदे में रहे और वे ही लोग बचे जो अपने कार्यालय में देर से आए थे। **जनक अथवा विस्तारक** / कविवर सम्पत सरल। **टोटकायु**/ अनुमानतः चार वर्ष। **घोटका-मथन** / हमारे देश में कार्यालयों में विलम्ब से आने वालों पर कोई दंड नहीं है।

निष्कर्ष / यह टोटका तब तक चल सकता है जब तक उस घटना से कोई बड़ी घटना नहीं हो जाती।

गारंटी कौन लेगा

स्थिति / हॉल का कविसम्मेलन है। माहौल जम चुका है। अचानक कुछ श्रोता प्रवेश लेते हैं। **टोटका-कथन** / आपके यहां का चलन देखकर मैं हैरान हूं, कलकत्ता

में ऐसा नहीं होता। कार्ड पर समय अगर छः बजे का छपा है और कोई व्यक्ति सवा छः बजे आता है तो गेटकीपर अंदर नहीं आने देता। आने वाला कहेगा–'भइया! मैंने पांच सौ रुपए की टिकिट ख़रीदी है, अगली सीट मेरे लिए बुक है, मुझे अंदर जाने दो।' गेटकीपर रास्ता रोककर कहेगा–'हरगिज़ नहीं, एक आपके लिए अंदर जाने का दरवाज़ा खोलूं, इतने में अंदर वाले लोग बाहर नहीं निकल जाएंगे, इस बात की गारंटी कौन लेगा?' **जनक अथवा विस्तारक** / कविवर सुरेन्द्र शर्मा। **टोटकायु** / अनुमानतः तीस वर्ष। **घोटका-मथन** / (क) कविसम्मेलन की परंपरा पर आत्म-व्यंग्य। (ख) श्रोताओं का कविसम्मेन से कोई ख़ास उम्मीद रखकर न आना। (ग) आगंतुक के प्रति उपहासवक्रता।

निष्कर्ष / इस टोटके की अनेक छवियां हैं। जहां एक ओर यह आत्मव्यंग्य होते हुए श्रेष्ठ माना जा सकता है वहीं वाचिक परंपरा पर उपहासवक्रता के कारण सामान्य है।

मैं कवि हूं और आप?

स्थिति / कविसम्मेलन चल रहा है, कुछ श्रोता सुन नहीं रहे, अपनी ही बातों में मगन हैं। कवि उनकी ओर सबका ध्यान आकृष्ट करता है। **टोटका-कथन**/ बाएं मोहल्ले में जो लोग ध्यान नहीं दे रहे हैं उन्हें कल की एक घटना बताना चाहता हूं– बस में मेरे साथ एक सज्जन बैठे थे, परिचय बढ़ाने के लिए उन्होंने मुझसे पूछा–'आप क्या करते हैं?' मैंने कहा–'मैं कवि हूं और आप?' वे बोले–'मैं बहरा हूं।' **जनक अथवा विस्तारक** / अज्ञात। **टोटकायु** / अनुमानतः तीस वर्ष। **कथन-विस्तार** / आपकी शक्ल उस सहयात्री से कुछ-कुछ मिलती है। उम्मीद है आप वो वाले बहरे नहीं होंगे। **घोटका-मथन**/ (क) कवि और कविता के प्रति समाज का सामान्य दृष्टिकोण (ख) कवियों को कानखाऊ समझा जाना।

निष्कर्ष / यह टोटका अच्छा है, सदाबहार है क्योंकि कविता के प्रति जनता की राय बदलने की उम्मीद खास नज़र नहीं आ रही। सामान्य जन की अवधारणा है कि कवि नामक प्राणी और कविता नामक उसका उत्पादन प्रायः उबाऊ होता है।

श्रोताओं को चुनौती

स्थिति / कवि जी अपनी अपेक्षा के अनुरूप जम नहीं पा रहे हैं, कविता के मध्य में ही अन्य कवि की रचना सुनाने लगते हैं। **टोटका-कथन** / बीच-बीच में बातचीत कर रहे श्रोताओं से निवेदन करना चाहता हूं कि–'डूब कर कुछ सुनो, और सुनकर गुनो। मन मिलाओगे तो मन से जुड़ जाएंगे, वरना हम हैं परिन्दे बहुत दूर के, बोलियां बोलकर अपनी उड़ जाएंगे।' **जनक** / कविवर आत्मप्रकाश शुक्ल

विस्तारक / असंख्य। **टोटकायु** / लगभग तीस वर्ष। **कथन-विस्तार** / अज्ञात शायर का शेर–'मुझे कुछ भी नहीं ग़म था, अगर ग़म था तो ये ग़म था, जहां कश्ती मेरी डूबी, वहां पानी बहुत कम था।' **घोटका-मथन**/ (क) श्रोताओं को धमकी कि तुम्हें सुनना है तो सुनो वरना अपन तो यहां से कविसम्मेलन के बाद फूट लेंगे। (ख) श्रोताओं की समझ का आकलन और एक अप्रत्यक्ष चुनौती कि उनमें गहरी समझ का अभाव है, अगर समझ है तो सुनकर दिखाओ।

निष्कर्ष / ये काव्य टोटके अगर आत्मविश्वास के साथ ढंग से सुनाए जाएं तो बकौल श्री सुरेश नीरव तत्काल 'ऐलोपैथिक' असर करते हैं। कवि की कविता में यदि थोड़ा भी दम है तो वह गाड़ी खींच ले जाता है। यदि इस प्रकार के काव्य टोटके बिना आत्मविश्वास के सुनाए जाएं तो उल्टे पड़ जाते हैं, कवि का हूट होना अवश्यंभावी हो जाता है।

भाई साहब मज़ा आ गया

स्थिति / कविसम्मेलन जमा हुआ है, आगे मुख्य अतिथि अपनी पत्नी के साथ बैठे कविताओं का उन्मुक्त आनंद ले रहे हैं। **टोटका-कथन** / श्री एवं श्रीमती 'अमुक', आपको प्रसन्न देखकर बड़ा अच्छा लग रहा है, कल मैं तमुक शहर में था। वहां तो साहब श्रोता कविता सुनकर रिश्ते ही बदल लेते हैं। कलैक्टर साहब आए हुए थे, हंसी में तन्मय होते हुए श्रीमती कलैक्टर ने कलैक्टर के कंधे पर हाथ मारते हुए कहा–'मज़ा आ गया भाईसाहब।' **जनक** / कविवर बालकवि बैरागी। **टोटकायु**/ अनुमानतः तीस वर्ष। **कथन-विस्तार** / सामने भाभी जी खूब हंस रही हैं, वे चाहें तो रिश्ता बदल सकती हैं। **घोटका-मथन**/ (क) विवाह के कुछ वर्ष बाद पति लगभग भाईसाहब हो जाते हैं। (ख) मुख्य-अतिथि की ब्याज-स्तुति (ग) महिला मन का ज्ञान। (घ) हंसाने का शाकाहारी प्रयास। (ङ.) यह टोटका अभिनय आधारित है। इसमें हाथ को काल्पनिक कंधे पर मारने का प्रयास करते हुए दिखाना पड़ता है।

निष्कर्ष / टोटका सदाबहार है लेकिन यह तभी असरकारक होता है, जब मुख्य-अतिथि मनहूस न हों।

ताली नहीं बजाई थी

स्थिति / श्रोताओं की भीड़ में से संचालक की किसी बात पर केवल एक ताली की ध्वनि आए। **टोटका-कथन** / इस इकलौती ताली के लिए धन्यवाद! पिछले सप्ताह के एक कविसम्मेलन में भी ऐसा ही हुआ। पता चला कि अकेली ताली बजाने वाले भी कवि ही थे। संचालक ने धन्यवाद दिया तो वहीं से खड़े होकर बोले– 'धन्यवाद को वापस ले ले, संचालक अलबेले, क्या बतलाऊं कैसे मैंने

पिटे लतीफे झेले। मैं तो किसी तरह से अपना वक्त घसीट रहा था, ताली नहीं बजाई थी, तम्बाकू पीट रहा था। **जनक अथवा विस्तारक** / अज्ञात, काव्य रूपांतर इस नाचीज़ द्वारा। **टोटकायु** / अनुमानतः तीस वर्ष। **घोटका-मथन**/ (क) खैनी संस्कृति के प्रति हमारी उदार दृष्टि (ख) श्रोताओं में स्थानीय कवियों की उपस्थिति एवं उनका दर्द।

निष्कर्ष / असंख्य कवियों ने असंख्य बार इस टोटके का प्रयोग किया है। यह टोटका तभी असफल होगा जब हमारे देश में खैनी खाने और तम्बाकू पीटने का चलन बंद हो जाएगा।

जमाने के काम आते हैं

टोटकों का ये पोटली बाबा आपको फिर से कुछ और माल दिखाएगा, अगली बार जब मौक़ा आएगा। टोटके खूब हंसाते हैं, कवियों को अपनी कविताएं जमाने के काम में आते हैं। हंसना कितना अच्छा है। रोने वाले से कहना चाहता हूं–

तेरे पास
कम खारा पानी है
इसीलिए ऐसा होता है,
समंदर के पास बहुत है
देख, वो कहां रोता है।

इस वास्ते अनुरोध है

दरबारी संस्कृति में कवियों को कविता की एक पंक्ति देकर समस्यापूर्ति कराई जाती थी। सब अपनी कल्पनाओं, भावनाओं और बुद्धि के घोड़े दौड़ा देते थे और एक ही कथन को नई-नई कविता बनाकर अनेक आयामों में प्रस्तुत करते थे। वाहवाही होती थी और इनाम में अशर्फियां मिलती थीं। रत्नजड़ित मालाएं एवं जागीरें तक मिल जाती थीं। मुशायरों में तरही मुशायरे लोकप्रिय हुए। शायर हज़रात दिए गए एक मिसरे से नई और निराली अर्थ-छवियां निकालते थे। दाद और तालियां प्राय: बिना मांगे मिला करती थीं। सबका काम स्तरीय न भी हो, लेकिन मौलिक होता था। यही कारण है कि हमारी भाषाओं में कविता की वाचिक परंपरा आज भी मज़बूत है।

इधर सीन कुछ चेंज हो रहा है। कविसम्मेलनों के कुछ पुराने चाहक और श्रोता आजकल के कवियों से एक प्रश्न पूछते हुए पाए जाते हैं–'आप बार-बार तालियों के लिए आग्रह क्यों करते हैं? आपकी कविता में दम होगा और हमें बजानी होंगी तो अपने आप बजाएंगे। भीख-सी क्यों मांगते हैं?'

जलंवागरी का जाली काम

कवि कैसे बताए कि ये अंदर की बात है। बहरहाल, तालियां बजवाने के पीछे जलवागरी का जाली काम होता है, जिसमें टोटके मददगार होते हैं। पिछली बार मैंने कुछ सदाबहार टोटके बताए थे। श्रोताओं की दुविधा दूर करने के लिए और मंचकामी कवियों की सुविधा बढ़ाने के लिए, लीजिए, कुछ और लीजिए।

पहले की भांति इस बार भी मूल टोटका-कथन के साथ टोटका-स्थिति, जनक-प्रसारक, कथन-विस्तार, विस्तारक, टोटकायु, टोटके का घोटका अर्थात् टोटका-मथन आपकी सेवा में प्रस्तुत हैं।

कुछ ऐसे टोटके जो तालियां बजवाने के काम आते हैं।

ताली, साली और दुनाली

स्थिति / मुख्य-अतिथियों के बाद कवियों का स्वागत हो चुका है। कवि-कंठ मालाओं से सुशोभित हैं। कवयित्री अपने पुष्प-गुच्छ को साड़ी से दूर सरका रही हैं (कहीं दाग़ न लग जाए)। माइक संचालक को सोंपा जा चुका है। **टोटका-कथन**/ काव्य प्रेमी रसिको, घर के ताले खुलते हैं तालियों से, जीजाओं के जी खुलते हैं सालियों से, दुश्मनों के कलेजे खुलते हैं दुनालियों से, गुण्डों का प्यार खुलता है आपस की आत्मीय गालियों से, उसी तरह कविसम्मेल का द्वार खुलता है–श्रोताओं की तालियों से। **जनक** / पं० गोपाल प्रसाद व्यास। **विस्तारक** / असंख्य। **टोटकायु**/ लगभग चालीस वर्ष। **टोटका-मथन** / (क) टोटका अनेकायामी और दूरगामी है। जड़ भौतिक पदार्थ ताला-ताली से लेकर चेतन-चंचल-चपल साला-साली तक जाता है। देश की रक्षा में तैनात सिपाहियों की दुनालियों से लेकर असामाजिक तत्वों के भाषा संस्कार तक को ध्वनि देता है। (ख) अंततः दूरगामी प्रभाव छोड़ता है क्योंकि दूर से दूर बैठा श्रोता भी ताली बजाए बिना नहीं रह सकता। (ग) श्रोता की तालियों के इस प्रथम उद्दाम ज्वार का एक कारण यह भी होता है कि वह अब तक की भाषणप्रधान स्थितियों से ऊब चुका था और चाहता है कि कविसम्मेलन का द्वार उनके लिए और कविताओं के लिए अविलंब खोल दिया जाए। (घ) पांच परस्पर असंबद्ध वस्तुओं, मनोभावों, व्यक्तियों और करतल-क्रियाओं को संबद्धता प्रदान की गई है। (ड.) इसे विरुद्धों का सामंजस्य भी कह सकते हैं।

निष्कर्ष/ टोटका तत्काल परिणाम दिखाता है। कभी असफल नहीं हो सकता। असम्बद्धता के प्रति हमारे लगाव को भी प्रदर्शित करता है।

छाली, थाली एंड घरवाली मोर

स्थिति / पहले टोटके के समान। माइक संचालक को सोंपा जा चुका है। **टोटका-कथन** / पूर्व टोटका कथन का काव्यानुवाद–'पूरी बेलने को जैसे बेलन ज़रूरी होता, पूरी खाने को जैसे ज़रूरी होतीं थालियां; घर वाले को ज्यों ज़रूरी होता एक घर, घरों को ज़रूरी जैसे होतीं घरवालियां; जीजाजी को सालियां, दरोगाजी को गालियां ज्यों, पान में ज़रूरी जैसे होतीं कुछ छालियां; वैसे ही हृदय का बंद ताला खोलने के लिए, कवि को ज़रूरी होतीं, श्रोताओं की तालियां।' **जनक**/ डॉ० उर्मिलेश। **विस्तारक** / अनेक। **टोटकायु** / लगभग बीस वर्ष। **टोटका-मथन**/ (क) यों तो यह टोटका-कवित्त पूर्व कथन का विस्तार है लेकिन श्रमपूर्वक इसमें नए तुकांत और नई स्थितियां जोड़ी गई हैं। व्यास जी का ध्यान छालियों, थालियों और घरवालियों तक नहीं गया था, वे साली और दुनाली के आक्रामक तेज के सामने घर की थाली और घरवाली दोनों को भूल गए थे। (ख) थाली और घरवाली

के माध्यम से डॉ॰ उर्मिलेश ने साहित्य में नारी-विमर्श को आगे बढ़ाया है अथवा पीछे खिसकाया है, सोचने वाले सोचें।

निष्कर्ष / पूर्वकथित टोटकोक्तियों को काव्य-सांचे में ढालना अपराध नहीं है। नई उपमाओं को जोड़ने से पुरानी बात में सौंदर्य बढ़ जाता है।

दाद नहीं दोगे तो...

स्थिति / कवि जम नहीं पा रहा है। अनेक बार तालियों की भीख मांगने के बावजूद जब अपेक्षित तालियां नहीं बजतीं तब वह एक कवित्त-टोटके का प्रयोग करता है। **टोटका-कथन** / 'दूर-दूर बैठे, घूर-घूर मुझे देखते हो, ऐसे तो हुजूर आप से न डर जाऊंगा; तंग जो करोगे मुझे, रंग में करूंगा भंग, ढंग से सुनोगे तो उमंग भर जाऊंगा; तालियां न पीटोगे तो गालियां सुनाऊंगा मैं, दाद नहीं दोगे तो फसाद कर जाऊंगा; एक श्रोता बोला– क्या फसाद कर दोगे तुम? कवि बोला–गाते-गाते यहीं मर जाऊंगा।' **जनक** / कविवर ओमप्रकाश आदित्य। **विस्तारक** / कुछ कुशाग्र कवि जो टोटकागति को प्राप्त इस कवित्त के जनक के नाम का उल्लेख करते हैं। **टोटकायु** / लगभग पच्चीस वर्ष। **टोटका-मथन** / (क) कवि के लोकतांत्रिक अधिकार को रेखांकित करता है। (ख) आत्महत्या की धमकी देने से विधिविरुद्ध हो जाता है। (ग) भीख में तालियां मांगने की तुलना में धमकी देकर तालियां प्राप्त करना अधिक सरल होता है। (घ) उक्ति में हरियाणा की प्रहारक शैली है। (ड.) गालियों की धमकी देने के बावजूद श्रोता तालियां बजाते हैं। (च) गालियों की ज़रूरत पंडित गोपालप्रसाद व्यास तथा डॉ॰ उर्मिलेश द्वारा भी महसूस की गई थी।

निष्कर्ष/ यह कवित्त याद होने पर ही प्रभावशाली रहेगा, यदि पढ़कर सुनाया गया तो सहायक नहीं हो पाएगा। पढ़कर सुनाने में एक ख़तरा और भी है कि सुनाने वाले के अपमान के साथ-साथ बिना बात कविवर ओमप्रकाश भी अपमान की चपेट में आ सकते हैं।

फिर तालियां बजाएं

स्थिति / पहले के समान संचालक माइक पर आ चुका है। श्रोता इस समय कविता सुनने की मानसिकता में आ चुके हैं। वे कविसम्मेलन से बहुत आस लगाकर आए हैं, अतः संचालक की बात पूरे मनोयोग से सुन रहे हैं। **टोटका-कथन** / 'महफ़िल को आज काव्य से कुछ इस तरह सजाएं, दिल से सुनें दिलों की बात, उठ के नहीं जाएं।' (बात दिल से कही जाती है इसलिए दिलों तक पहुंचती है और बिना मांगे ही श्रोता ताली बजाने लगते हैं) **टोटका कथन विस्तार** / 'कविगण भी उल्लसित हों और झूमकर सुनाएं,

इस वास्ते अनुरोध है, फिर तालियां बजाएं।' **जनक** / यह नाचीज़। **टोटका विस्तारक** / अनेक। **टोटकायु** / लगभग पच्चीस वर्ष। **टोटका-मथन**/ (क) श्रोताओं के मनोविज्ञान का ज्ञान (ख) पहली तालियां संचालक और श्रोताओं के बीच संधि-पत्र पर किए गए हस्ताक्षरों के समान हैं कि वे उठकर नहीं जाएंगे। (ग) ये तालियां संचालक के प्रति श्रोताओं के समर्थन में स्वतःस्फूर्त होती हैं जबकि दूसरी ज़बरदस्ती मांगी जा रही हैं।

निष्कर्ष/ कविसम्मेलन के प्रारंभ में श्रोता अच्छी कविताओं की आस लगाए हुए पूरी तरह से कवियों के समर्थन में बैठे होते हैं। उनके चेहरे पर उम्मीदों की किरणें झिलमिलाती हैं। इन्हें कविसम्मेलनों की वाचिक परंपरा के प्रति श्रोताओं के आशावाद की किरणें माना जा सकता है। कविसम्मेलन कई बार श्रोताओं की अपेक्षाओं से अच्छे हो जाते हैं तो अनेक बार उनकी उम्मीदों पर पानी भी फिर जाता है।

होश और जोश

स्थिति / ऊपर के समान। **टोटका-कथन** / 'महको तो ऐसे महको कि बहारों को होश आ जाए, तालियां बजाओ तो ऐसी कि कवियों को जोश आ जाए।' **जनक**/ श्री रामरिख मनहर। **टोटका विस्तारक** / असंख्य। **टोटकायु** / लगभग चालीस वर्ष। **टोटका-मथन**/ (क) यहां महक को बहारों से बड़ा और तालियों को कवियों से बड़ा माना गया है। (ख) बहारों में होश का आना कवियों में जोश के आने के बराबर बताया जा रहा है। (ग) छंद की दृष्टि से दोनों पंक्तियों में मात्राएं बराबर नहीं हैं लेकिन ये पंक्तियां छल-छंद की दृष्टि से तालियों की मात्राएं बढ़ाने में कारगर सिद्ध होती हैं।

निष्कर्ष/ वस्तुतः महक और तालियों का कोई परस्पर संबंध नहीं है लेकिन होश की तुक जोश से मिलाकर जो कौशल दिखाया गया है वह तत्काल तालियां बजवा देता है। इन पंक्तियों को वीररस के अंदाज में सुनाया जाए तो तालियां चौगुनी तक हो सकती हैं।

बाद की कोई गारंटी नहीं

स्थिति / तालियों का बजना धीरे-धीरे कम होने लगा है। कवि को बार-बार कहना पड़ रहा है कि अगली पंक्तियों पर आपसे तालियों की उम्मीद रहेगी। यथेष्ट तालियां नहीं बज पा रही हैं। संचालक अगले कवि को बुलाता है और अपना कौशल दिखाते हुए उसके सम्मान में ज़ोरदार तालियां बजवा चुका होता है। **टोटका-कथन**/ मेरे सम्मान में एक बार फिर से तालियां बजा दीजिए (श्रोता मन मारकर बजा देते हैं)। ये तालियां इसलिए बजवाई हैं कि आप लोग बाद में बजाएंगे, इसकी

कोई गारंटी नहीं है। **जनक** / कविवर महेन्द्र अजनबी। **विस्तारक** / अनेक। **टोटकायु**/ लगभग पन्द्रह वर्ष। **टोटका-मथन** / (क) कवि का स्वावलंबन। (ख) श्रोताओं की अपेक्षाओं को पहले कम करना, फिर बढ़ाना। (ग) श्रोताओं में अपने प्रति दया जागृत करना।

निष्कर्ष/ अपनी सहजता के कारण यह टोटका तत्काल असर करता है। इसके बाद कवि को अपना काव्यपाठ जमाने में अधिक श्रम नहीं करना पड़ता।

कुछ और टोटकावलियां

तालियां मांगने की कुछ सैट वाक्यावलियां निम्न प्रकार हैं–

1. आपकी करतल ध्वनि मुझे ऊर्जा देगी। (थोड़ी देर बाद) थोड़ी ऊर्जा और चाहिए। (श्रोता समझ नहीं पाते) मैंने कहा था ना ऐसी ध्वनि करिए जिससे कि मुझमें काव्यऊर्जा का संचार हो। (श्रोताओं को याद आता है कि उन्हें तालियां बजानी हैं)।
2. आशा है अगली पंक्ति पर आपका आशीर्वाद मिलेगा।
3. अपनी इस बात पर मुझे पूरे सदन का पूरा समर्थन और मंच का सहयोग चाहिए।
4. आपका प्यार चाहिए। (ताली बज चुकने के बाद–) आशा है ये प्रेम बनाए रखेंगे।
5. इस एक पंक्ति पर एक-एक श्रोता का आशीष चाहिए।
6. मेरी कविता संतोषी मां की कथा की तरह मत सुनिए।
7. मरघट में नहीं सुना रहा हूं, आपके जीवित-जागृत होने का सबूत चाहिए।
8. अपनी उपस्थिति का भौतिक और ध्वन्यात्मक प्रमाण दीजिए।
9. तालियां नहीं बजाएंगे तो यही पंक्ति सौ बार सुनाऊंगी।
10. मैंने ज़िंदगी में घास नहीं छीली, कविता लिखी है। जरा मर्दों की तरह तालियां बजाओ।
11. पंडाल में बैठे जो श्रोता देशप्रेमी और राष्ट्रप्रेमी नहीं हैं उनसे अनुरोध है कि तालियां न बजाएं, केवल देशभक्त श्रोता ही तालियां बजाएं और आकाश को गुंजा दें।
12. ऐसी तालियां बजाइए कि शहीदों को भी सुनाई दे जाएं।
13. बहुत दूर से आया हूं, तालियां बजा देंगे तो मेरा आना सार्थक हो जाएगा। बच्चे दुआएं देंगे।

तालियां मांगने के विभिन्न और निराले-निराले ढंग हैं। ज़्यादा तालियां बज जाती हैं तो कवि गर्व से पलटकर आक्रामक मुद्रा में अन्य कवियों को देखता

है, अपनी निगाहों से चुनौती भरा सवाल करता हुआ कि किसी में दम हो तो इतनी बजवाकर दिखा दे।

मैंने अपनी एक कविता का समापन कुछ इस प्रकार किया था, कविता के समापन का एक मासूम सा चलन यह भी चल पड़ा है–

–ले लो कद्रदानो, मेहरबानो!
पांच डिब्बे हैं पचास के,
मेरी कविताओं के विन्यास के।

पहले में हास्य है
दूसरे में व्यंग्य है,
तीसरे में करुणा का रंग है।
चौथा डिब्बा है,
मेरे शब्द चमत्कार का।
ये लीजिए पांचवां,
मेरे सामाजिक सरोकार का।
अब ये आपके ऊपर है
चाहें तो
धूप में खड़े रहने की सज़ा दीजिए,
और चाहें तो
इन पांच डिब्बों के अहसासात को
मेरे ज़ेहन के जज़्बात को
अपने दिल के किसी
नन्हे से कोने में सजा दीजिए,
बहरहाल,
कविता ख़त्म हो गई है
तालियां बजा दीजिए!

तालियों के बीच पसरा सन्नाटा

दो हजार चार के मार्च महीने में एनडीटीवी इंडिया ने 'क्या हम हंसते कम हैं' विषय पर 'मुकाबला' नामक एक कार्यक्रम कराया। विशेषज्ञों के रूप में हास्य अभिनेता साजिद, विज्ञापन 'ठंडा माने कोकाकोला' जैसे विज्ञापनों के लेखक-निर्माता प्रसून जोशी और मुझे बुलाया। पटना से सैटेलाइट द्वारा हास्य-कवि सुरेन्द्र शर्मा को बड़ी स्क्रीन पर उपलब्ध कराया। विशिष्ट प्रश्नकर्ताओं के रूप में पत्रकार बालमुकुंद और आलोक पुराणिक को बिठाया। दर्शकों के चहेते संचालक देवांग ने सबका परिचय कराया। (तालियां)

स्टूडियो में सीढ़ी-दर-सीढ़ी, बैठी थी प्रायः-प्रायः युवा पीढ़ी। निमंत्रण पाकर मन अंदर से खिल गया, लेकिन क्या बताऊं उस दिन मैं तो हिल गया।

सातों वार चैनल-वार

यह 'मुकाबला' देखकर बहुतों का दिल बहल गया होगा। लेकिन शायद उन्हें नहीं पता होगा कि मेरा दिल दहल गया होगा। सप्ताह में सात वार होते हैं, टी॰वी॰ चैनलों में सातों दिन वार होती है। हर चैनल की कामना है कि कमर्शियल ब्रेक और व्यूअर प्रत्येक, उन्हीं की चैनल पर बने रहें। इसलिए वे कुछ नया और अजूबा दिखाएं और कहें। इस गर्दन-मर्दन प्रतियोगिता के युग में इसीलिए चैनल-चलावक चाहते हैं समाचार को चटपटा अचार बनाना। उसका मीठा मुरब्बा बनाना। हाय-तौबा दिखाकर उसे हाय-ओ-रब्बा बनाना। वस्तुतः वे चाहते हैं स्वयं को दूसरी चैनल का अब्बा बनाना।

अब्बा बनने के लिए कुछ सज्जा-खब्बा तो करना ही पड़ेगा। विषय हंसी हो या आंसू, प्रोग्राम होना चाहिए धांसू। ज़िंदगी में हंसी की कमी क्यों है, आंसुओं की नमी क्यों है और क्या हम हंसते कम हैं, इस पर गंभीर बात होनी थी। लेकिन होनी को तो कुछ और ही मंजूर था, 'मुकाबला' अपने विषय से कोसों दूर था।

विषय होना चाहिए था- 'हंसाने वाले एक दूसरे को कोसते ज़्यादा, पोसते कम हैं'।

बहस हंसाने के लिए

संचालक देबांग ने पहला सवाल सुरेन्द्र शर्मा से किया–'आपको अपनी चार लाइनें सबसे अच्छी कौन-सी लगती हैं?' सुरेन्द्र जी ने अपने विशेष अंदाज़ में उत्तर दिया–'जो मैंने आजतक लिखी नहीं हैं।' (तालियां)। इस उत्तर में सुरेन्द्र जी की सहजता थी और सौमनस्य था। उनसे पुनः कामना की गई कि वे चार लाइनें सुनाएं, उन्होंने अपनी चिर-परिचित पत्नीपरक चार लाइनें सुना दीं- 'इन चार लाइनों में पत्नी मेरे से कह रही है– 'ए जी, मेरी गोदी में सर रखकर लेटा हो, या कईंया को लाग रह्या है, मैं बोल्यो- मनैं तो अईंया लाग्गै है, जैसे विष्णु भगवान शेषनाग पै आराम कर रह्या है।' (तालियां)। देबांग जी ने कभी हमारी ओर रुख किया, कभी श्रोताओं की ओर मुख किया। अपन की समझ में आ रहा था, कार्यक्रम हंसी की सामाजिकता पर बहस के लिए नहीं, दर्शक-समाज को हंसाने के लिए किया जा रहा था।

पेस्ट के ज़माने में मंजन

तीन थे हम लोग, जो खड़े थे मुकाबले के लिए, वास्तव में उस श्रोता-दर्शक बावले के लिए, जो चैनलाचार्यों के अनुसार चाहता है सिर्फ रंजन! शुद्ध मनोरंजन, न कि मन-मंजन। अजी मैं भी कहां की बात ले बैठा? पेस्ट के ज़माने में मंजन! टाइम वेस्ट कर रहा हूं।

मुद्दा समझ में आना चाहिए कि मनोरंजन एक उद्योग है, उपभोक्ता समाज का एक उपभोग है। हंसी के उत्पादन में किसका कितना मौलिक योग है, ये देखने की किसको दरकार है। हंसी को बेचने के मामले को लेकर ही तो तकरार है। हंसी के पीछे छिपे दर्द से क्या वास्ता है? हंसी तो पैसा कमाने का रास्ता है। इस रास्ते में समाचार भी बड़े रोचक हो रहे हैं, मनोरंजक हो रहे हैं। एक स्तर पर हमारे लिए सोचक भी हो रहे हैं। हम कम हंसते हैं, कम से कम इसलिए तो समाचार रोचक नहीं हुए, वस्तुतः, हंसी के बाज़ार में हम भौंचक हो रहे हैं।

ज़रा सकते में आए

मैं बड़ा प्रसन्न था कि मिलूंगा साजिद ख़ान से। हास्य के अभिनेता महान से। वो आए, उन्होंने जब अपने विचार सबके सामने बताए, तो अपुन ज़रा सकते में आए– 'मुझे हास्य कविताएं समझ में आती ही नहीं!...कविसम्मेलन में मैं कभी नहीं गया हूं और मुझे जाने का कोई शौक भी नहीं है क्योंकि मेरे पास टाइम नहीं है। (हैरानी)...ये

'हैज़ बीन' हो गए हैं। (तालियां)। आज की जैनेरेशन चेंज हो गई है। इनका जो ह्यूमर है ये हमारे बाप-दादाओं के लिए अच्छा था, अब नहीं। (तालियां) ...मैं कभी हास्य कवियों के जोक्स पर नहीं हंसता हूं, क्योंकि मेरी समझ में नहीं आते हैं। ...मैं एक बात पूछना चाहता हूं कि ये इतने पौपुलर हैं तो आज तक सैटेलाइट चलते हुए दस साल हो गए हैं, एक टी.वी. शो नहीं देखा मैंने इनका। एक पोस्टर या होर्डिंग नहीं देखी इनकी कि कविसम्मेलन है, कि टिकिट ब्लैक में बिक रही हैं। (सन्नाटा)। ...हमारे देश में इल्लिट्रेसी और जहालत कितनी है! अब जाहिल आदमी को हंसाना बहुत मुश्किल काम है, क्योंकि जाहिल आदमी आपकी भाषा को समझेगा नहीं। (सुपर सन्नाटा)।

भोले अज्ञान की रंगोली

अरे! साजिद नहीं जानते हैं कि कविसम्मेलन क्या है और क्यों होता है! क्यों उसकी ज़रूरत है! वो तो कोई चीज़ विगत है। अब तो ज़माना मार्केट का है। जनता के प्रत्यक्ष आखेट का है। सारी मिमिकरी जो वे करते आए हैं या उन्होंने उस कार्यक्रम में करी, वह भी बड़ी भोली थी। उसमें बड़बोले अज्ञान की रंगोली थी। फिर भी मैं उनकी ईमानदार-सी लगने वाली अभिव्यक्ति का कायल हूं। कायल हूं पर घायल हूं। अरे, वे नहीं मानते कि कविसम्मेलन कोई चीज़ होती है हमारे हिन्दुस्तान में। उसकी गति है प्रस्थान में। बाबा-दादा के ज़माने में होते होंगे मुशायरे-कविसम्मेलन। अब काहे का मुशायरा, काहे का कविसम्मेलन और काहे का भावनाओं का उद्वेलन।

'मेरा एक जोक जो कभी फेल नहीं जाता' कहकर साजिद ख़ान ने अवैध स्त्री-पुरुष संबंधों की ओर संकेत करता हुआ एक लतीफ़ा सुनाया। उसके बारे में, भला हो आलोक पुराणिक का जिन्होंने बताया- साजिद भाई! आपने जो चुटकुला अपना कहकर सुनाया था ये मैंने ढाई साल पहले, एक साइट है 'डब्ल्यू डब्ल्यू डब्ल्यू डॉट ऑलअबाउटपॉलिटिकलह्यूमर डॉट कॉम' पर पढ़ा था। (निरुत्तर सन्नाटा)।

बीच में कैमरा नहीं है

देश की जनता जाहिल-इल्लिट्रेट है। उनको नहीं पता कि अपना जनतंत्र कितना ग्रेट है! माना कि कविसम्मेलनी कवि उनकी तरह का स्टार नहीं है, उसके पास प्यार तो है लाखों-करोड़ों की जनता का लेकिन इन दिनों मीडिया का उस पर कोई उपकार नहीं है। चैनल-मीडिया इस समय ऐसे वर्ग द्वारा चलाया जाता है, जो अंग्रेज़ी का अच्छा ज्ञाता है, लेकिन हिंदी की खाता है। उसके अनुसार इल्लिट्रेट, जाहिल और गंवार जनता, बेवकूफ और गधी जनता, बिना सधी जनता और 'विकास' के प्रयत्नों में फ़ालतू में उन पर लदी जनता, अफ़सोस, सिर्फ़ हिंदी जानती है।

इन्हें नहीं मालूम कि इनका हास्य देखकर दर्शक कब-कब रोता है। क्योंकि हास्य उत्पादकों और दर्शकों के बीच कैमरा होता है। कविसम्मेलन और मुशायरे में श्रोताओं से कवियों की आंखें चार होती हैं। एक सामाजिक सदाचार होती हैं। चुनौती है उसी समय प्रत्युत्पन्नमति से तत्काल हास्य उत्पन्न करने की। स्थितियां, व्यक्ति, रुचि, समाज, राजनीति और नीति-अनीति देखते हुए सम्प्रेषण सम्पन्न करने की। समर्थ हास्य कवि काफ़ी कुछ इंस्टैंट करते हैं, उसी समय क्रिएट करते हैं। यहां रिहर्सल का मौका नहीं है। जो कुछ है सामने है, सम्पादन या पोस्ट-प्रोडक्शन का किसी तरह का धोखा नहीं है।

हम राय दे सकते हैं

ये उस गंवार निरक्षर और बेहूदा जनता के लिए, जैसा कि वे उसे मानते हैं, जिसके बारे में मैं मानता हूं कि वे बहुत कम जानते हैं, समझते हैं कि हमने जो करी है वही ठीक है, क्योंकि मिमिकरी है। बड़े-बड़े महान अभिनेताओं की मिमिकरी करो, उनकी किरकिरी करो। जितना कद वे अपना छोड़ गए थे उसको छोटा करो और स्वयं के श्याम-धन को मोटा करो।

भाई सुरेन्द्र शर्मा ने अच्छी बात कही- जिन्होंने कभी कविसम्मेलन सुने ही नहीं हैं तो वो क्या राय दे सकते हैं। हमने तो इनके कार्यक्रम देखे हैं, हम तो इनके बारे में राय दे सकते हैं। मिमिकरी को ही हास्य समझ लिया। किसी की नकल बनाना कोई हास्य नहीं है, अपने ऊपर हास्य करना सबसे श्रेष्ठ हास्य माना जाता है।

ठीक! कन्हैयालाल जैसा अभिनय करते थे, उसमें होता था समाज के निचले वर्ग का दर्द। वे ज़मींदार की भूमिका निभाते थे लेकिन क्रूरता के समाजशास्त्र को हमारे सामने लाते थे। आप तो उनकी असामाजिक मिमिकरी करके कमाओ, ख़ूब शो करो, विदेशों में जाओ। आपने कभी कोई हास्य कविसम्मेलन नहीं सुना और चूंकि आपने नहीं सुना तो फिर उसका वजूद कहां? और कोई आपके अस्तित्व के बावजूद कहां।

हंसी एक वरदान

मैं क्या सभी मानते हैं कि हंसी एक वरदान है। वह जो करुणानिधान है या जो भी ज्ञान-विज्ञानसम्मत मनुष्य का निर्माता है, वही हमें स्वस्थ रखने के लिए हंसाता है। हंसाने के लिए बहुत सारे उपक्रम हैं, जिसमें से इन दिनों लोकप्रिय हैं- लोगों की नकल बनाना, दूसरों द्वारा गढ़े गए लतीफ़े या टिप्पणियां सुनाना। जो रचनात्मक व्यक्तित्व हंसी के कारणों को जनते हैं, मनहूसियत के मरुस्थल में हंसी उगाते हैं, हंसी को एक सामाजिक ताकत बनाते हैं, वे तो नेपथ्य में चले जाते हैं और

उठाईगीर दुकान चलाते हैं। वृक्ष के कुछ फूल चुनकर बीज की महत्ता को नहीं भूलना चाहिए और प्रस्तुति-क्षमता के कारण अहंकार में नहीं झूलना चाहिए।

हिंदी को कैश करो

हम जानते हैं कि सारा मनोरंजन उद्योग हिंदी भाषा को लेकर ही पनप रहा है, हिंदी को अपने आर्थिक उपयोगों के लिए जप रहा है। अंग्रेज़ी उनकी मातृभाषा तो नहीं है पर कमाई बढ़ाने की एकमात्र भाषा है और हिंदी मातृभाषा होते हुए भी मात्र एक भाषा है। इनका हिंदी जनमन से बहुत दूर का नाता है, हिंदी वाला तो सिर्फ पैसा फूंकता है और इन पर चढ़ावे चढ़ाता है। ये काम हिंदी वालों के लिए करते हैं, मुंह हिंदी में खोलते हैं, पर कारोबार के लिए अंग्रेज़ी बोलते हैं। मैं हर वाक्य में यों ही तुक मिला रहा हूं लेकिन बात कोई बेतुकी नहीं बता रहा हूं। कारोबार में कार-ओ-बार है। अर्ज़ करता हूं कि हिंदी को कैश करो, कार-बार में ऐश करो लेकिन 'ओ' रूपी जनता के प्रति सम्मान को भी तो फ्लैश करो।

हम अंग्रेज़ी के विरुद्ध नहीं हैं, अंग्रेज़ी से बिलकुल क्रुद्ध नहीं हैं। हम तो उसके आभारी हैं। चूंकि हमें अंग्रेज़ अगर अंग्रेज़ी न सिखाते तो क्या हम इस देश को आज़ाद करा पाते। इसे इंडिया शाइनिंग और फीलगुड के रास्ते पर ला पाते। पर इतना है कि आज़ादी से पहले वाले नेता अंग्रेज़ी जानते तो थे लेकिन हिंदी को अंग्रेज़ी से ऊपर मानते थे। आज थोड़ा सा सोचना होगा कि हम भले ही अंग्रेज़ी को सर्व करें लेकिन हिंदी पर सचमुच का गर्व करें।

बात हंसी पर लौटनी चाहिए। हंसी जो स्कूलों में गूंजे, हंसी जो इस सदी की हर सांस्कृतिक नदी के कूलों पर गूंजे, हंसी जो अपनी भी भूलों पर गूंजे, हंसी जो निर्धन के ब्याज पर नहीं महाजनों के मूलों पर पर गूंजे, हंसी जो नारी की अवमानना पर नहीं पुरुष के अहंकार के बबूलों पर गूंजे।

अपनी दिशा मोड़ दें

यों प्रसून ठीक कहते हैं कि आज आदमी के पास वक्त नहीं है। उसका मोबाइल एसएमएस, इंटरनेट हर समय उसके साथ है। इंटरनेट मोबाइल पर हास्य का ही अधिकार है। अगर जोक्स मोबाइल से हटा दें तो कंपनियां नहीं चल पाएंगी। ज़िंदगी में हास्य का रोल बढ़ गया है लेकिन सतही हास्य का बढ़ा है। हंसी जो कविगण लिखते हैं उसका रोल नहीं बढ़ा है। उसको सुनने वाले और कम होते जा रहे हैं। हास्य का मतलब हास्य चाहिए, उनको व्यंग्य नहीं चाहिए। इसीलिए इधर कविसम्मेलनों में भी फूहड़ लतीफे बढ़ गए हैं। माना प्रसून डियर माना! पर एक बात चाहता हूं बताना। टी.वी. पर भले ही कविसम्मेलन कम हुए हों पर शहरों और कस्बों में बढ़ रहे हैं। नए-नए कवि अपनी कविताएं मंच पर पढ़ रहे हैं।

जहां तक कवि रूप में लतीफेबाज़ों का सवाल है, उनका मुकाबला साजिद ख़ान के साथ है। वे दिशा मोड़ दें और मंचों को छोड़ दें। उनकी अक्षमता मंच को ताने दिलाती रहेगी, पर इतना तय है कि कविसम्मेलन हमेशा होते रहेंगे और वहां कविता हमेशा गाती रहेगी।

और बात देबांगजी भी लगभग ठीक कहते हैं कि कविसम्मेलन के कवि एक ही चैक को कई बैंकों में भुनाते हैं। माना देबांग डियर माना, पर वे अपनी ही सुनाते हैं। कविता वही, शहर अलग इसलिए श्रोताओं को भरपूर हंसाते हैं। उनकी जांची-परखी गिनी-चुनी कविताओं की मंच पर बपौती रहेगी। टीवी चैनलों द्वारा बुलाए जाएंगे तो नया-नया लिखने की चुनौती रहेगी।

साजिद उन्हें जाहिल मत समझो

और साजिद डियर मैं जानता हूं कि तुम अपने हास्य कार्यक्रमों के लिए बहुत मेहनत करते हो, बिलकुल नहीं थकते हो, पर तुम मुझे सकते से निकाल सकते हो। पैसा कमाओ, लेकिन जिनके कारण कमाते हो उन्हें जाहिल मत बताओ। लाभ का उल्टा हानि ही नहीं होता, लाभ का उल्टा भला भी होता है। अंत में तुम्हें बधाई, हंसी के बहाने तुमने एक बहस चलाई– हम हंसा-हंसा के सिर्फ पैसा कमा लें, या हंसी के ज़रिए दिल में फंसे दर्द को भी निकालें।

हंसो तो बच्चों जैसी हंसी
हंसो तो सच्चों जैसी हंसी
इतना हंसो कि तर जाओ
हंसो और मर जाओ। (सन्नाटा)
हां, हंसो और मर जाओ, किसी पर! (तालियां)

पुनश्च : मंच के कवियों को साजिद भाई का आभारी होना चाहिए क्योंकि मई 2004 से कई चैनलों ने कविता के साप्ताहिक और दैनिक कार्यक्रम शुरू कर दिए। 'अर्ज किया है', 'वाह-वाह'। इतने कार्यक्रम आए हैं कि साजिद मियां इन्हें देखने से बच न पाए होंगे। कुछ तो चैनल बदलते-बदलते भी दिख ही जाते होंगे।

शरद जोशी : पानी में तेल की बूंद

शरद जी कविसम्मेलन के पानी में तेल की बूंद की तरह रहते थे। ऊपर-ऊपर तैरते हुए। वे उसमें सहज घुलनशील नहीं थे। मुझे लगता है कि मैं एक मथनी की तरह था जो कोशिश करता था कि वे रमें, पर असलियत ये है कि उनका मन कविसम्मेलन-तंत्र में रमता नहीं था। न घुलते थे, न खुलते थे। वे कविसम्मेलन के कवियों से और श्रोताओं से एक स्तर पर संतुष्ट थे तो दूसरे स्तर पर असंतुष्ट।

मैंने उनके साथ दस से ज़्यादा वर्ष कविसम्मेलनी यात्राएं कीं। उन यात्राओं में प्राप्त निकटता के कारण मैं यह ग़लतफहमी पाल सकता हूं कि मुझे उनके व्यक्तित्व के गोपन-कक्ष-कवच के भीतर जाने का भी अवसर मिला जिसमें वे आसानी से किसी को आने नहीं देते थे। वे ज़िंदगी में इतने व्यतिक्रमों से गुज़रे थे कि निजी क्षेत्र में दखलअंदाज़ी पसंद नहीं करते थे। दो-चार बरस की सहयात्राओं के बाद ऐसा हो गया कि दस-बीस दिन के अंतराल पर जब भी मैं मिलता, वे आतुर से दिखते थे कि कविसम्मेलनेतर विषयों पर कुछ एकांतिक किस्म की बातचीत की जाए।

आप शरद जोशी हैं?

किसी शहर के कविसम्मेलन में अगर मैं दिल्ली से जा रहा हूं, वे बंबई या भोपाल से आ रहे हैं, तो हमारे बीच एक समझौता रहता था। वे अगर होटल में पहले पहुंच जाएंगे तो अपने साथ रजिस्टर में मेरा नाम भी लिख देंगे। ऐसा ही निर्देश मेरे लिए होता था–तुम अगर पहले पहुंच जाओ तो डबल बैड वाला एक शानदार सा कमरा हथिया लेना और अपने नाम से ऊपर मेरा नाम लिख देना।

किसी शहर के एक होटल में मैंने रजिस्टर पर एंट्री की। उनका नाम ऊपर लिखा, अपना नीचे। कहां से आए हैं, कहां जाएंगे, किस देश के नागरिक हैं, क्यों आए हैं, कितने दिन ठहरेंगे, वगैरा वगैरा, सब कुछ भरकर हस्ताक्षर कर दिए।

कुछ देर बाद कविसम्मेलन का एक कार्यकर्ता कमरे में आया, कहने लगा–'आपका नाम शरद जोशी है?' मैं हैरानी से उसे देख रहा था। उसने दूसरा सवाल दागा–'क्या आपको मालूम है कि अशोक चक्रधर किस गाड़ी से आ रहे हैं?' मैं अंदर तक प्रसन्न हुआ कि मुझे शरद जोशी समझा जा रहा है। नाम ऊपर जो लिखा था।

कोने में बैठते थे

मंच के ऊपर वे कोने में या कोने के क़रीब बैठना पसंद करते थे। उन्हें कहा जाए कि मध्य में आ जाइए तो आते नहीं थे। मंच पर कोने में प्राय: ऐसे कवि बैठना पसंद करते हैं जिन्हें एकाधिक कारणों से मंच के पीछे जाना हो। शरद जी के साथ तो ऐसा नहीं था। वे मंच पर पूरे समय बैठते थे और सबको ध्यान से सुनते थे। जब उनकी बारी आती थी और नाम पुकारा जाता था, तब वे जानते थे कि उनके बारे में इतना तो बोला ही जाएगा कि वे उस अंतराल में अपने निबंध छांट लेंगे। उनके पास एक छोटा सा बैग रहता था जिसमें ए-थ्री साइज के टू-फोल्ड किए हुए काग़ज़ भरे रहते थे। मंच पर सुनाए जा सकने वाले पंद्रह-बीस निबंध। वे आमतौर से सोचकर नहीं बैठते थे कि कौन सा निबंध पढ़ना है। निबंध छांटते समय इतना ज़रूर पूछ लेते थे–'एक सुनाना है या दो सुनाने हैं?' मैं कहता था–'दो तो आपको सुनाने ही हैं, तीसरा भी ले जाइए। जनता की मांग पर देख लीजिएगा।' वे मुस्कुराकर कहते–'जनता तो एक ही चाहेगी, यहां सब तेरी कविताओं के चाहक बैठे हुए हैं।' मैं उन्हें धीरज बंधाता–'नहीं भाईसाहब, यहां आपके चाहक ज़्यादा हैं।' दरअसल उनको पता ही नहीं था कि उनको चाहने वाले कितने हैं।

श्रोता उनकी मुट्ठी में

बस एक बार उनका सुर लग जाए, फिर तो श्रोता उनकी मुट्ठी में होते थे। थिएटर के पुराने अनुभव उनके पास थे। बहुत लो पिच में हल्की-सी नाटकीयता के साथ अपना काम शुरू करते थे। पहले दो-तीन वाक्यों में अगर सामूहिक ठहाका मिल गया तो समझिए सुर लग गया। अब यह निबंध कितना ही लंबा क्यों न हो, जलवे बिखरा देगा और जल वे जाएंगे जिनके पास कविता नहीं है।

रचना की ताकत

मंच के कवि एक बिंदु पर एकमत रहते हैं कि कविता कंठस्थ होनी चाहिए। अगर पढ़कर सुनाई तो उसका आधा दम जाता रहेगा। कुछ हद तक यह बात सही है, लेकिन शरदजी इस मान्यता को नेस्तनाबूद कर देते थे। वे अपना पूरा निबंध बाकायदे पढ़कर सुनाते थे और भरपूर जमाकर दिखाते थे। इससे यह सिद्ध होता

है कि श्रोता को आकृष्ट करने में प्रस्तुति कौशल, नाटकीयता, कंठ- प्रयोग, तुक-निर्वाह आदि गौण हैं, असल चीज है रचना की ताकत। उनका व्यंग्य इतना मज़बूत होता था, शब्द-शब्द उसमें ऐसे सुगठित होते थे, जीवन की सच्चाइयों के इतने करीब होते थे कि श्रोता मंत्रविद्ध हो जाते थे।

चिंतित रहते थे

मैंने पाया कि हॉल के कार्यक्रमों में उनका जम जाना हंड्रैड परसैंट श्योरीय होता था। हॉल के श्रोता समझ का एक स्तर रखते हैं, ध्वनि-व्यवस्था भी अनुकूल होती है। भीड़-भड़क्के वाले कविसम्मेलनों में वे डांवाडोल रहते थे। चिंता रहती थी कि क्या होगा। फिर अचानक चिंता मुक्त होना जताते–'जो होगा सो होगा। हूट हो जाएंगे तो आयौजक पैसे तो काटेगा नहीं। चिंता किस बात की?' लेकिन रहते थे, वे चिंतित रहते थे। ऐसी चिंता जो हर परफौर्मर को होती है।

होली के आसपास जयपुर में महामूर्ख सम्मेलन के नाम से एक आयोजन कई दशक से चलता आ रहा है। खूब ही श्रोता आते हैं। अकल्पनीय लगता है देखकर। लाख या दो लाख, गिनना मुश्किल। मैंने सन् अठहत्तर से उसमें जाना शुरू किया था और लगातार दस-बारह वर्ष तक जाता रहा। इस कविसम्मेलन का आयोजन प्रतिवर्ष 'तरुण समाज' के श्री विश्वम्भर मोदी कराते हैं। अव्यवस्था और नरमुंड ही नरमुंड देखकर हर साल कहते हैं–'कसम खाके कहता हूं, ये मेरा आख़िरी प्रोग्राम है। अगली साल नहीं करूंगा। इस बार मेरी लाज रख लो। बड़ी दूर-दूर से कवि मंगाए हैं। बहुत पैसा खर्च हुआ है। बस इस बार निभा लो।' शरदजी पहली बार आए थे और शायद अंतिम बार भी।

संचालक महोदय जाने-माने लतीफा-सम्राट थे। शरदजी को बुलाने से पहले उन्होंने अपने दो-तीन लतीफे तो जमा लिए लेकिन उन्हें कायदे से प्रस्तुत नहीं किया। उस विराट जनयूथ में अधिकांश ऐसे थे जिन्होंने शरदजी का नाम तो सुना होगा लेकिन उनकी महत्ता से परिचित नहीं रहे होंगे। शरदजी अपना लेख थामे हुए माइक पर आए। पहली एक दो लाइन धीरे से पढ़ीं जो जनता तक पहुंची नहीं। बात बन नहीं पाई। जनता ने अपनी नासमझी का ज्ञापन करने वाली तालियां बजाना शुरू कर दिया। वे सौमनस्यपूर्वक वापस आ गए। बैठ गए और लेख अपने कपड़े के बने हुए बैग में रखने लगे।

वे लौटे और जमकर सुनाया

उस समय मुझे संचालक महोदय अच्छे नहीं लग रहे थे। मैं जानता था कि वे अगर चाहते तो जनता को शरदजी का महत्व बताते और उन्हें माइक पर वापस बुलाते, पर हज़रत ने तो मान लिया जैसे कि विकिट गिर चुका है। अगले खिलाड़ी

को बुलाना है। अगले खिलाड़ी को बुलाने से पहले वे फिर कोई लतीफ़ा सुनाने लगे।

मुझसे नहीं रहा गया। पता नहीं मुझमें कहां से हिम्मत आई कि मैं माइक पर पहुंच गया और उनका लतीफ़ा पूरा नहीं होने दिया। दनदनाता हुआ आया था, डांटने लगा उस जनयूथ को– 'अभी जो कुछ हुआ उसे देखकर मैं आपको हरगिज़ माफ़ नहीं करूंगा, लेकिन माफ़ी चाहता हूं संचालक महोदय से, जिनका चुटकुला मैंनें पूरा नहीं होने दिया। हां, मैं अपराधी हूं कि मैंने आपको उस ठहाके से वंचित किया जो आप इस चुटकुले को सुनकर लगाते, पर अपने इस अपराध के लिए मैं आपसे माफ़ी नहीं मागूंगा...

हंसी की एक लहर

...और एक बात और सुन लीजिए, अगर आपने मेरी बात न मानी तो ज़िंदगी भर आपको माफ़ नहीं करूंगा। मैं कितने साल से आपके बीच में आ रहा हूं और आपका प्यार पा रहा हूं। आदरणीय शरदजी को, सुने बिना, बैठ कैसे जाने दिया। कान खोलकर मुहब्बत के साथ सुन लीजिए कि वे रामनिवास बाग के इस ऐतिहासिक कविसम्मेलन में ख़ास आपके लिए आए हैं। तालियां बजाइए, बताने के लिए कि आप उन्हें सुनना चाहते हैं। जनयूथ अब शांत था।

मैंने बात आगे बढ़ाई। 'राजीव गांधीजी के भोलेपन पर इन्होंने जो लेख लिखा है उसकी सिर्फ दो लाइन आपको बताता हूं–'पानी की समस्या हल करने के लिए राजीवजी ने ग्रामवासियों से पूछा–यहां से नदी कितने क़िलोमीटर पड़ती है? किसी ने उत्तर दिया–जी दो किलोमीटर। राजीवजी ने फिर से पूछा–लौटने में भी इतनी ही पड़ती है?' जनयूथ की ओर से हंसी की एक लहर आई, बहुत ऊंची उठी और मंच के किनारे पर आकर लगी। जनता अब मेरे कील-कब्ज़े में थी। मैं उनके दिल-दिमाग की किवाड़ों के पल्ले खोल चुका था।

अच्छी तरह याद नहीं मुझे कि मैंने शरदजी की शान में क्या कुछ कहा। पर इतना तय है कि जो कुछ कहा उसका सारांश यह था कि इस भूमण्डल पर इससे बड़ा लेखक किसी मानव शरीर में विद्यमान नहीं है। हां, एक वाक्य याद है, जो उन्हें बुलाने से पहले मैंने कहा–'इस गुलाबी नगरी में शरदजी के स्वागत में इतनी तालियां बजाइए कि हथेलियां भी लाल-गुलाबी हो जाएं।'

शरदजी आने में सकुचा रहे थे लेकिन श्रोताओं की तालियों ने उनका हौसला बढ़ा दिया। मैंने उनसे वही लेख सुनाने का अनुरोध किया–'पानी की समस्या'। फिर तो वे ऐसे जमे कि उस सम्मेलन में शायद ही कोई जम पाया होगा।

पहले ऐसा होता था कि किसी शहर में जाते थे तो अगले दिन भी रुकते थे। बाहर निकलते थे और शहर को महसूस करते थे। शरदजी को बाज़ार घूमने

का और उस शहर की ख़ास चीज़ों को देखने, जानने और कभी-कभी खरीदने का शौक था। जयपुर में कविसम्मेलन के समापन पर वे परम प्रसन्न थे। सोने से पहले तय किया कि दिन में बाज़ार चलेंगे और दोपहर बाद आमेर का किला देखेंगे।

मोतियों का हार

दस-ग्यारह बजे मेरी आंख खुली तो देखा कि बगल वाला पलंग ख़ाली था। कहां चले गए? वेटर ने बताया–'बाजार जा रहा हूं, ऐसा बोले।' क्या! हमें तो साथ जाना था। ये तो ग़लत बात हुई। अब क्या करूं? निकलूं भी तो कैसे निकलूं? हो सकता है आसपास ही कहीं गए हों। इंतज़ार में काफ़ी समय बीत गया। मेरे कुछ प्रेमी गाड़ियां लेकर तैनात थे। जहां मैं चाहूं वहां ले जाने के लिए तैयार। पर मैं भला जाता कैसे। दो-तीन घंटे बाद वे आए तो मैं बरस पड़ा–'आपको मेरा साथ पसंद नहीं था तो मुझे पहले ही बता देते। मुझे छः जगह जाना था। यहां बैठा हूं आपके इंतज़ार में।'

वे मुझसे ज़्यादा उत्तेजित होकर बोले–'मैं साठ जगह होकर आया हूं!...तब पसंद आई एक चीज़!' मैंने अपने आवेग पर नियंत्रण पाते हुए जिज्ञासा जताई। उन्होंने हरे सफेद मोतियों का एक हार निकाला और बोले– 'मेरी तरफ से ये बागेश्री को भेंट कर देना। तुमने रात में जो काम किया था, दिव्य था। तुम पर बहुत स्नेह उमड़ रहा है। पत्नीभक्त हो इसलिए बागेश्री के लिए लाया हूं।'

फिर जी हमने सांध्यकालीन आनंद किए। आमेर का किला देखा। दाल-बाटी चूरमा खाया और जगह-जगह घूमे-फिरे।

बीवी के लिए

सबसे मज़ेदार बात अब बताता हूं। जब मैं यह लेख लिखने की प्रक्रिया में दिमाग और कार एक साथ चला रहा था तब मैंने बागेश्री से पूछा–

'अरे भई, वो हार कहां है जो शरदजी ने दिया था?'
बागेश्री बोलीं–'कौन सा हार?'
मैंने कहा–'हरे सफेद मोतियों वाला।'
बागेश्री ने हैरान कर दिया–'मुझे तो याद नहीं है।'
अब मैं खुद से पूछता हूं–वो हार कहां गया?

इतना भरोसा तो मुझे अपने आप पर है कि अपनी बीबी के लिए दी गई कोई भेंट मैंने किसी कवयित्री को नहीं थमाई होगी। बहरहाल... मैं कार से बाहर देखने लगा।

क्या होता है कार में,
पास की चीज़ें
पीछे दौड़ जाती हैं
तेज़ रफ़्तार में!

और ये शायद
गति का ही कुसूर है,
कि वही चीज़ देर तक साथ रहती है
जो जितनी दूर है।

शरद जोशी और जीप पर सवार खिल्लियां

जीप बिलासपुर से रायपुर जा रही थी। जीप का क्या है, रायपुर से बिलासपुर भी जा सकती है। ये दोनों शहर न भी हों तो कहीं से कहीं भी जा सकती है। पहले शहर का नाम 'कहीं', दूसरे का 'कहीं भी'। 'कहीं' से 'कहीं भी' तक या 'कहीं भी' से 'कहीं' तक। कहीं कहीं मेरे दिल में ख़याल आता है कि कहीं भी कभी भी मेरे दिल में ख़याल आ सकता है। जीप सोचती है।

ड्राइवर ने पूछा, 'जीप चलती है तो क्या होता है?'

सवारी ने गर्दन उठाकर कहा, 'गर्द उठती है।'

ड्राइवर ने बात आगे चलाई, 'कुछ लोग ज़िंदगी से भी उठ सकते हैं।'

सवारी ने सहमति जताई, 'जी हां, ड्राइवर चाहे तो उठ सकते हैं।'

सड़क के मध्य का गड्ढा बचाते हुए ड्राइवर बोला, 'ख़ासकर वहां जहां सड़कें अच्छी नहीं होतीं।'

सिर बचाते हुए सवारी ने कहा, 'अर्थात् मध्य प्रदेश में।'

ड्राइवर ने दार्शनिक अंदाज़ में पुनः प्रश्न किया, 'गर्द उठती है तो बैठती भी होगी?'

'जी हां, क्यों नहीं। एक बार उठेगी तो बैठेगी भी। आख़िर कब तक उठी रहेगी। ज़्यादा देर कौन उठा रह सकता है! अच्छे-अच्छे बैठ जाते हैं साब!'

ड्राइवर ने टोका। ठोका नया प्रश्न, 'गर्द कहां बैठती है?.'

'गांव के बच्चों की तरह पहले तो गर्द जीप के पीछे-पीछे दौड़ती है। फिर, जिस प्रकार कुछ बच्चे बैठने में सफल हो जाते हैं उसी प्रकार कुछ गर्द भी जीप पर बैठ जाती है।'

ड्राइवर ने स्पीड तेज़ की–'और जिस तरह बच्चे गिर जाते हैं उसी तरह गर्द भी गिर जाती है।'

सड़क अचानक बच्चों की तरह कच्ची हो गई। जीप गर्द से बुरी तरह घिर गई।

गर्द ही गर्द

लेखन की यह शैली शरद जोशी जी की है। मैंने अनुकरण का प्रयास किया है। बात जीप से शुरू होगी तो गर्द तक जाएगी ही जाएगी। वे ज़माने के इर्द-गिर्द की गर्द के कणों को बारीकी से देखते थे। व्यंग्य की फूंक मारकर उसे हटाना चाहते थे। ज़ाहिर है ज़माने के ऊपर गर्द ही गर्द है, लेकिन लेखक की फूंक को भी कम करके नहीं आंका जाना चाहिए। मैं एक किस्सा बयान करना चाहता हूं, जिसमें ज़िक्रे-जीप भी है, ज़िक्रे-गर्द भी। गर्द जो दिमाग़ के चलने से उठी थी और जीप पर आकर बैठ गई थी, खिल्लियों की तरह।

हास्य-व्यंग्य का मेला

बात अस्सी-इक्यासी की होगी। रायपुर में एक मस्त-मौला नौजवान आनंद चौबे 'रचना' के तत्वावधान में हास्य-व्यंग्य का दो दिन का मेला लगाते थे। इस मेले में नाटक-मंडलियों के प्रहसन होते थे। शहर के बच्चे कार्टून प्रतियोगिता में भाग लेते थे। निर्णायकों के रूप में देश के प्रतिष्ठित कार्टूनिस्ट आते थे। हास्य-व्यंग्य पर गंभीर चर्चाएं करने के लिए दूर-दूर से कवि और लेखक आते थे। मेले का केन्द्रीय आकर्षण हुआ करता था- कविसम्मेलन।

यह कविसम्मेलन आम कविसम्मेलनों की तरह नहीं होता था। छत्तीसगढ़ी लोकवाद्यों की अनुगूंजों, अबीर-गुलाल के ग़ुबारों और तिलक-चंदन की उत्सवधर्मिता से प्रारंभ होता था। कई वर्ष यह आयोजन रायपुर में हुआ। आनंद चौबे जबलपुर आए तो वहां होने लगा। उनके निधन के बाद शायद एक-दो वर्ष और हुआ फिर आठ-दस साल तक नहीं हो सका। वर्ष 2004 से जबलपुर में आनंद की स्मृति में फिर से उस मेले की शुरुआत हुई है।

शरदजी इस मेले में प्रतिवर्ष जाते थे। मैं पहली बार गया था। मेरा और शरदजी का मिलन बिलासपुर के रेलवे स्टेशन पर हुआ। वे बंबई से आए थे, मैं पहुंचा था दिल्ली से। दिल्ली से ही चार नौजवान रंगकर्मी भी साथ में थे। आनंद ने हमें लेने के लिए एक जोंगा जीप भेजी थी। ड्राइवर के अलावा तीन लोग और थे जो हमें लेने आए थे।

उन लोगों ने प्लेटफार्म पर ही शरदजी के गले में मालाएं डालीं। शरदजी ने मेरा परिचय कराया तो एक माला मेरे हिस्से में भी आ गई। रंगकर्मियों के स्वागत के लिए मालाएं बची ही नहीं थीं। बहरहाल, सब बाहर निकलने लगे। शरदजी का और मेरा सामान रायपुर के मित्रों ने उठा लिया। रंगकर्मी स्वयंसेवा कर रहे थे।

शरदजी ने उनकी स्थिति देखकर कहा–'एक कुली कर लेते हैं न!'

रंगकर्मी ने कुढ़कर कहा–'हम ज़मीन से जुड़े लोग हैं सर! वज़न उठाना जानते हैं।'

शरदजी ने अपने मोटे लैंस में से रंगकर्मी को प्यार से देखा।

ज़िक्रे-जीप और ज़िक्रे-गर्द

उसी मोटे लैंस से जब शरदजी ने जीप को देखा तो कह उठे–'हम सब के सब इसी एक जीप में जाएंगे क्या?'

ड्राइवर ने गर्व से कहा–'इसमें तो बीस से ज़्यादा मानुस आ जाते हैं।'

शरदजी चुप थे। जो लेने आए थे वे भी चुप थे। उन्हें देखकर हम दोनों एक ही बात सोच रहे थे–'तीन-तीन लोगों को रिसीव करने आने की क्या ज़रूरत थी भला।'

हमारा सामान पीछे रखा जा चुका था। रंगकर्मी सामान के साथ स्वयं भी स्थापित हो चुके थे। शरदजी और मुझसे कहा गया कि हम दोनों आगे बैठें। शरदजी बोले- नहीं हम पीछे ही बैठेंगे। गपियाते हुए जाएंगे।

तकलीफ़ तो तकलीफ़ है

जीप में बैठने की व्यवस्था कुछ इस तरह से थी– आगे ड्राइवर के साथ, तीन हमारे लेवक। पीछे की आमने-सामने वाली सीटों पर हम तीन-तीन हास्य-व्यंग्य-सेवक। कहना कठिन था कि कौन अधिक सुविधा में है। हमारी सीट लंबी थीं तो सामान के कारण टांगें लंबी नहीं हो सकती थीं। आगे टांगें लंबी हो सकती थीं तो चार मानुसों के कारण सीट छोटी पड़ रही थी। तो जीप बिलासपुर से रायपुर जा रही थी। शरदजी बताने लगे कि बंबई में वे इन दिनों कितने व्यस्त हैं। प्रोड्यूसर उन्हें आने ही नहीं दे रहा था। कोशिश की गई कि रायपुर की फ्लाइट मिल जाए लेकिन प्लेन में जगह नहीं थी। दो दिन, दो रात लगातार लिखते रहे और किसी तरह इतना समय निकाला कि रेल से आ सकें।

रास्ता बहुत अच्छा नहीं था। ब्रेक लगने पर धूल अंदर आ जाती थी। शरदजी ने नाक ढंकने के लिए रूमाल निकाल लिया पर बोलना जारी था। वे बंबई नगरी के विभिन्न चरित्रों के बारे में दिलचस्प किस्से सुना रहे थे। अचानक उन्हें लगा कि रंगकर्मी नौजवान बातचीत में पर्याप्त हिस्सेदारी नहीं कर रहे हैं।

उन्होंने पूछा–'भई आप लोग ठीक से तो बैठे हैं न?'

एक रंगकर्मी जो मेरा पहले से परिचित था, असहज होते हुए बोला–'हमारी चिंता न करिए, आप ठहरे सुविधाभोगी बुर्जुआ लेखक! आपको ज़्यादा तकलीफ़ हो रही होगी। हम लोग इस धूल-धक्कड़ के आदी हैं।'

शरदजी थोड़े से आहत हुए लेकिन वातावरण को सहज बनाने की गरज़

से बोले–'तकलीफ़ तो तकलीफ़ है, सर्वहारा और बुर्जुआ का क्या सवाल है! ऐसा करते हैं अटैची को सीट के नीचे लगाते हैं, पैर रखने की जगह हो जाएगी।'

धैर्य की परीक्षा

रंगकर्मी ने इस बार कटुता से कहा–'आपके पैर तो ठीक रखे हैं न?'

शरदजी ने सहज रहते हुए कहा–'मैंने तो भाई अपने बैग पर रख लिए हैं।'

रंगकर्मी ने व्यंग्यकार पर व्यंग्य करते हुए ग़ैरपाकीज़गी से कहा–'इन्हें ज़मीन पर मत रखिएगा मैले हो जाएंगे।'

इस पर बाकी के तीन रंगकर्मी हंस दिए। यह तो हद हो गई। मैं देख रहा था कि श्रीमानजी प्लेटफार्म से ही शरदजी के धैर्य की परीक्षा ले रहे हैं।

शरदजी ने बिना उत्तेजना वाले क्रोध में कहा–'आप कहना क्या चाहते हैं?'

रंगकर्मी ने बिना संकोच की आक्रामकता में कहा–'आप निरंतर हमारे कष्ट की छद्म-चिंता कर रहे हैं। ये आपकी पैटीबुर्जुआ मानसिकता है। वस्तुत: आपको किसी के कष्ट से कोई सरोकार नहीं है। आप हवाईजहाज में उड़ने वाले लेखक हैं। व्यावसायिक प्रतिष्ठानों से प्रकाशित होने वाली रंगीन पत्रिकाओं में छपते हैं। फ़िल्मी प्रोड्यूसरों के चहेते हैं। उनकी चिंता करिए।'

शरदजी उत्तेजित हो गए–'मैं अगर हवाईजहाज से आता-जाता हूं तो तुम क्या समझते हो, सुविधाभोगी हूं। एक चीज़ होती है समय। उसकी रक्षा के लिए जाता हूं। मुझे अफ़सोस है कि मैं उतना क्रोध नहीं कर रहा जितना मैं तुम्हारे आचरण पर कर सकता हूं। मुझे इस बात का भी अफ़सोस है कि मैं व्यर्थ ही डिफ़ैन्सिव पर हूं। डिफ़ैन्सिव पर इसलिए हूं क्योंकि तुम लोग नौजवान हो। हवाईयात्राओं से वक़्त बचता है। वक़्त की कीमत होती है। मैं बंबई से कलमघसीटी करके आ रहा हूं। लेखन मेरी आजीविका है। रायपुर से लौटकर जाऊंगा तो फिर कई पत्रिकाओं के लिए स्तम्भ लिखने हैं। सम्पादकों को वचन दिया है मैंने। उनसे मेरी प्रतिबद्धता है। हवाईयात्रा कोई विलास नहीं है मेरे लिए।'

रंगकर्मी पर कोई असर नहीं पड़ा–

'आप किस प्रतिबद्धता की बात कर रहे हैं। धन-पशुओं, धनकुबेरों, शोषकों और पूंजीपतियों के मनोविनोद के लिए लिखते हैं न! वक्त की पूरी कीमत वसूल करते हैं।'

मिट्टी से गहरा वास्ता

जीप में एक अदृश्य गर्द बढ़ने लगी। शरदजी ने इस गर्द के लिए संयम का रूमाल नहीं निकाला। वे अंदर तक आहत हो चुके थे। रंगकर्मीजी के चेहरे से टपकता स्थाई अनादर उन्हें व्यथित कर रहा था।

शरदजी को उतने क्रोध में मैंने कभी नहीं देखा। उनका स्वर खटारा जीप की अनपेक्षित ध्वनियों के बावजूद स्पष्ट सुना जा सकता था–'हम आकाश में जाते हैं तो हमारे पास उतनी मिट्टी होती है, जितनी तुम्हारे पास मिट्टी पर चलते हुए नहीं होगी। हम मिट्टी से पैदा हुए हैं, मिट्टी से गहरा वास्ता रखते हैं। तिलक लगाते हैं मिट्टी का। तुम तिलक लगाने वाली प्रथा को नहीं समझ सकते क्योंकि भारतीय चिंतन और दर्शन को जाने बिना मार्क्सवादी लेनिनवादी हो गए हो। तुम्हारे चेहरे पर अपने से बड़ों के प्रति सम्मान का जरा-सा भाव नहीं है। मेरे संघर्षों को जाने बिना तुम मुझ पर कोई टिप्पणी कैसे कर सकते हो?'

ईमानदार आत्मस्वीकार

रंगकर्मी पर शरदजी की बातों का कोई असर गोचर नहीं था। उसका पाषाणी चेहरा शरदजी की खिल्लियां उड़ा रहा था। वे खिल्लियां जीप पर सवार थीं। मैं लगभग भूमिकाहीन था। रंगकर्मी नौजवान समझता था कि मैं उसके पक्ष में हूं क्योंकि मैंने मुक्तिबोध पर किताब लिखी है।

शरदजी समझ रहे थे कि मैं उनके पक्ष में हूं क्योंकि मैं कविसम्मेलनों का एक मंचीय कवि हूं। मेरे एक तरफ़ पुस्तकजन्य जनवाद का अहंकार था तो दूसरी ओर जीवन से जुड़े एक अनुभवी लेखक का ईमानदार आत्मस्वीकार। एक ओर वामपंथ की भावशून्यता थी तो दूसरी ओर भावनाओं का वामपंथ। गर्द हट भी रही थी और बढ़ भी रही थी।

नक्सलवादी आवेग

बात को आगे बढ़ाने से पहले इतना बता दूं कि रंगकर्मी श्रीमानजी को मैं अच्छी तरह जानता था, जानता हूं। यहां नाम नहीं ले रहा उनका। नाम बताने का कोई फ़ायदा नहीं, क्योंकि यह किसी व्यक्ति-विशेष का आचरण नहीं था, उस समय के कुछ नौजवानों के अंदर का नक्सलवादी आवेग था, जो रंगीन पत्रिकाओं में छपने वाले लेखकों के प्रति आदरभाव नहीं रखता था।

श्रीमान जी उन दिनों अल्ट्रा लैफ़्ट थे। अभी दो-तीन साल पहले मुंबई में, एक टेलीविज़न चैनल के सैट पर, उनसे मुलाकात हुई। वे डायरैक्टर के परम आज्ञाकारी स्क्रिप्टराइटर के रूप में सक्रिय थे। लेखनी से शानदार आजीविका चला रहे थे। एक के बाद एक विदेशी सिगरेट फूंक रहे थे और किसी नफ़ीस सैंट से महक रहे थे।

फिलहाल मुझे अपनी एक ग़ज़ल के चंद शेर याद आ रहे हैं–

क्या बतलाऊं सुविधाओं में कैसे-कैसे ज़िंदा हूं,
गुलदस्ते में फूल सजाकर फूलों से शर्मिंदा हूं।

रोटी भी है, मक्खन भी है, कोठी भी है, गाड़ी भी,
किस मुंह से कहता हूं सबसे, मुफ़लिस का कारिंदा हूं।

खुश होते हैं, जब मिलते हैं, कौली भी भर लेते हैं,
मुड़ते ही जो आए लबों पे, मैं अपनी ही निंदा हूं।

दो सारस कछुए को लेकर, नभ में उड़ने वाले थे,
एक नहीं राजी, मैं सहमत, दूजा मूक परिंदा हूं।

इस माथे पर शिकनें लाखों, कुछ अपनी कुछ दुनिया की,
जिसके दोनों ओर नदी हों, उस तट का बाशिंदा हूं।

ये मत करना, वो मत करना, आहत हुआ नसीहत से,
भूतकाल के आईने में खड़ा हुआ आइंदा हूं।

ममता से भयभीत बलवीर सिंह 'रंग'

कविताओं और कविसम्मेलन के बीच में महत्वपूर्ण कड़ी होते हैं–आयोजक। आयोजक कई प्रकार के होते हैं। एक वे जो टिकिट से आयोजन कराते हैं, जिनका लक्ष्य पैसा कमाना होता है। अपने लिए अथवा किसी संस्था के जनहित कार्यों के लिए।

दूसरे प्रकार के आयोजक वे होते हैं, जो धन नहीं यश चाहते हैं। धन मुहैया कराने के लिए संस्थाएं अथवा नगर के कुछ काव्य-रसिक दानवीर आगे आ जाते हैं। ये कविसम्मेलन को लाभ-हानि का सौदा नहीं मानते। अपने नगर के प्रति एक कर्तव्य मानकर आयोजन कराते हैं। इनके कविसम्मेलनों में कोई टिकिट नहीं लगती। विभिन्न प्रकार की मेला-समितियों, प्रदर्शनियों की समितियों, रामलीला कमेटी, गणेशोत्सव मंडल, होली-मंगल-मिलन के चंदों से, अथवा नगर की नगरपालिका के मनोरंजन-बजट से, अथवा किसी सरकारी, अर्द्धसरकारी या ग़ैरसरकारी संस्थान के कर्मचारी-कल्याण-कोष अथवा इसी चरित्र के सार्वजनिक कोषों से कवियों के पारिश्रमिक, मार्ग-व्यय, तम्बू, भौंपू और भोजन आदि की व्यवस्था की जाती है।

इन आयोजकों का यश-प्राप्ति के अलावा कोई स्वार्थ नहीं होता। इनमें से अधिकांश स्वयं कवि अथवा कवि-हृदय होते हैं। अपनी गांठ का पैसा तो प्राय: नहीं लगाते पर भरपूर समय देते हैं।

कविसम्मेलनों के संरक्षक

कुछ आयोजक इनसे भी ऊंचे होते हैं। वे अच्छा कविसम्मेलन आयोजित करने के लिए धन भी देते हैं और श्रम भी करते हैं। ऐसे लोग आयोजक नहीं कहलाते, कविसम्मेलनों के संरक्षक कहलाते हैं। नगर में इनका बड़ा आदर होता है। कविसम्मेलन से इनकी प्रतिष्ठा बढ़ती है और इनकी प्रतिष्ठा से कविसम्मेलन।

रंगजी के बालसखा

फिरोजाबाद के उद्योगपति श्री बालकृष्ण गुप्त कविसम्मेलनों के एक पुराने संरक्षक-आयोजक हैं। पिछले पैंतीस वर्ष से मैंने उन्हें आगरा अंचल के अनेक कविसम्मेलनों की अध्यक्षता करते हुए देखा है। मेरे पिता के मित्र रहे हैं इस नाते मेरे प्रति भी स्नेह प्रचुर मात्रा में रखते हैं। पिछले दिनों उनका फोन आया कि वे अपने दंतचिकित्सक के पास सरिता विहार आ रहे हैं। मेरे घर भी आएंगे।

वे आए। काफ़ी अंतराल के बाद भेंट हो रही थी। अस्सी से ऊपर के हो चुके थे लेकिन ऊपर की मंज़िल चढ़ने में बीस सैकिंड भी नहीं लगाए। चकाचक हैल्थ के स्वामी। महीन खादी के वस्त्रों पर कलफ़ की कड़क और धवल रंगत। कुर्ते की बाहों में कमीज़ जैसे कफ़ पर चमकदार सुनहरी घड़ी, सुनहरी पतले फ्रेम का चश्मा, मोटे अधरों पर मोटी मुस्कान। अधरों के ऊपर सलीक़े से तराशी गई सफेद मूछें, सर पर सफेद टोपी से झांकते हुए कुछ काले कुछ सफेद बाल। कोई कह नहीं सकता कि वे तिरासी से अधिक वसंत देख चुके हैं। उन्होंने श्री बलबीर सिंह 'रंग' की दो पुस्तकें– 'रंग के गीत' और 'रंग की राष्ट्रीय कविताएं' मुझे भेंट कीं। 'रंग' जी को मैंने कविसम्मेलनों में ख़ूब सुना था। वे मेरे प्रिय कवियों में एक थे।

बालकृष्णजी बिना किसी औपचारिकता के मेरे पास पलंग पर ही आराम से बैठ गए और बताने लगे– 'अशोक भइया! दिल के शहंशाह अपने अभिन्न रंगजी का बालसखा होने का मुझे बहुत गर्व है। आज लोग जानते नहीं हैं कि बलबीर सिंह 'रंग' अपने ज़माने के बहुत बड़े कवि हुए हैं। ये पुस्तकें उनके दिवंगत होने के लगभग पन्द्रह साल बाद छपवाई हैं। मैंने 'रंग स्मृति संस्थान' की स्थापना की है। पहले भी उनके प्रणय-गीतों को प्रकाशित किया जा चुका है, पर इन पुस्तकों में उनकी दूसरी अप्रकाशित कविताएं हैं।'

आपाद-मस्तक कवि

रंगजी की स्मृतियों में खोते हुए और शून्य में ताकते हुए बालकृष्णजी बोले–

'वे आपाद-मस्तक कवि थे। औपचारिक शिक्षा शून्य। स्कूल कभी नहीं गए। ग़ज़ब के स्वाभिमानी। इनके पिताजी का नाम गुलाबसिंह आर्य था। फौज में थे। फौजियों ने कहा कि ये आर्य नाम हटा दो। उन्होंने हटाया नहीं तो फौज से निकाल दिए गए। इसके बाद घर की स्थिति बहुत ख़राब हो गई। कोटला आगरा के पास एक छोटी सी रियासत थी। मेरा जन्म वहीं हुआ था। रियासत में एक थे पंडित गंगाधर जी कथावाचक। अच्छे कवि और गायक थे। रंगजी के पिताजी उन्हें पंडिज्जी की शरण में डाल गए। उस समय रंगजी ज़्यादा से ज़्यादा सात साल के रहे होंगे। मुझसे दो-तीन साल बड़े। तबसे हमारी जो मित्रता हुई, आजीवन

बनी रही। पंडिज्जी कथा कहते थे, ये तबला बजाते थे। शाम को हम लोग क्रिकेट खेलते थे।'

ख़ुद संवरना तुम्हें नहीं आया

अब गुप्त जी ने रंगजी के कवि बनने की प्रक्रिया का खुलासा किया–'रियासत में एक लड़की थी आशा, वो भी हम लोगों के साथ खेलती थी। हमारे रंगजी को उस कन्या से मुहब्बत हो गई। इकतरफ़ा। लगता है उस मुहब्बत में ही कविता के बीज थे। यों तो पंडिज्जी भी कवि थे। छंद का शास्त्रज्ञान तो पंडिज्जी से लिया, पर भावलोक आशा दे गई। आशा, निराशा भी दे गई और फक्कड़ता भी। मैं उनकी कविताओं का पहला श्रोता हुआ करता था। फिर वे महफ़िलों में सुनाने लगे। कविसम्मेलनों में जाने लगे। हर तरफ़ वाह-वाही लूटते थे।

रंगजी की फ़ितरत ये थी कि कविसम्मेलनों में जितने पैसे मिले, जब तक उसकी एक-एक पाई ख़र्च नहीं हो जाएगी, तब तक वो किसी और को ख़र्च नहीं करने देते थे। घर आते थे तो लगभग ख़ाली हाथ। चूल्हा हर दिन जलता हो घर का, ऐसा नहीं था। गीतकार रामावतार त्यागी उनके बारे में ठीक ही कहा करते थे– 'सब की महफ़िल संवार सकते हो, ख़ुद संवरना तुम्हें नहीं आया।'

मैं पुस्तक के पन्ने पलटने लगा। अपने आप एक पृष्ठ खुला जिस पर एक मुक्तक लिखा था–

'सच कहता हूं जब से होश संभाला है,
रूखा-सूखा मुंह में गया निवाला है।
ज़र, ज़मीन, ज़ोरू से लेना-देना क्या,
ऊपर वाला ही अपना रखवाला है।'

बालकृष्ण जी बता रहे थे–'जब उनकी बेटी की शादी हुई तो वे संकट में थे। मुझे कुछ बताया नहीं। मेरे अंदर से कोई आवाज़ आई कि मित्र पुकार रहा है। मैं समय पर पहुंच गया। जो कुछ मुझसे बन पड़ा मैंने किया। वे आत्मीयता में रो उठे। छः पंक्तियों की एक कविता भी लिखी। इसी संकलन में है। बाद में पढ़ लेना।'

साइकिल बढ़िया चलाते हो

मुझे याद आया कि सन् उन्नीस सौ इकहत्तर में रंगजी एक बार हमारे घर मथुरा आए थे। रातभर गीत-गोष्ठी चली। पिताजी ने श्री मोहन स्वरूप भाटिया से कहकर रेडियो पर उनके काव्यपाठ का कार्यक्रम रखवा दिया। आकाशवाणी पर युवमंच के कार्यक्रमों का संचालन करने के लिए मैं भी जाया करता था। एम॰ए॰ प्रथम

वर्ष का छात्र था। अगले दिन रंगजी की विदाई के समय पिताजी ने कहा–'साइकिल से जाओ और इनके लिए एक रिक्शा ले आओ।' रंगजी बोले–'रिक्शा यहां क्यों मंगाते हो? अशोक रिक्शा तक मुझे छोड़ देगा।' मैंने पूछा–'कैरियर पर बैठ जाएंगे?' बोले–'बैठ जाएंगे!' मैंने उन्हें साइकिल पर बिठाया और गोकुल की कैंटीन के सामने रिक्शे वाले के पास साइकिल रोकी। वे कैरियर से उतरते हुए बोले–'साइकिल बढ़िया चलाते हो।' तारीफ़ सुनकर मैं मुस्कुराया– 'हां जी, कई बार हाथरस से अलीगढ़ तक साइकिल चलाई है। एक बार मथुरा से अपनी ननसाल इगलास बाईस मील तक चलाकर ले गया था। बीच में बस एक बार रुका।' वे मगन होकर कहने लगे–'तो तुम्हीं हमें आकाशवाणी तक छोड़ दो।' मुझे अपनी पढ़ाई की चिंता थी इसलिए एक बार तो रूह हल्की सी कांपी, पर इतने बड़े कवि की संगत मिल रही थी सो प्रस्तावना बुरी नहीं लगी। मैंने कहा–'बैठिए, वहीं छोड़ देता हूं आपको।'

कविता सुनो हमारी

हमारे घर से आकाशवाणी तक का पूरा मार्ग चढ़ाई वाला था। कृष्ण जन्मभूमि तक हल्की थी और कृष्ण जन्मभूमि से आकाशवाणी तक कड़ी चढ़ाई थी। जब कड़ी चढाई आई तो अचानक मुझे लगा कि साइकिल हल्की हो गई। वे कुशल साइकिलबाज़ की तरह उतर गए थे। मैंने कहा–'क्यों उतर गए? ऐसी कोई तकलीफ़ नहीं है। बगीचीबाज़ी करता हूं। मेरा व्यायाम ही हो रहा है, आप बैठिए।'

आकाशवाणी पहुंच गए। मैं उनको छोड़कर आने लगा तो बोले– 'अब तुम कहां जाओगे? कविता सुनो हमारी।' मैंने संकोच दिखाया– 'कविता तो रात में मैंने बहुत सुन लीं, अब जाना है।' वे बोले– 'बहुत ज़रूरी काम हो तो चले जाओ, यहां से पैसा तो मिल ही जाएगा।' मैंने हैरानी से पूछा– 'क्या मतलब?' बोले– 'अशोक बेटा, हमारे पैसे ख़त्म हो गए हैं। लौटकर जाने के लिए भी नहीं हैं।' मैंने कहा– 'पर यहां तो आपको चैक मिलेगा। कैश पैसे थोड़े ही मिलेंगे।' वे हंसे– 'तभी तो हम तुमसे कह रहे थे कि रुक जाओ। बस अड्डे तक छोड़ देना।' मैंने कहा– 'और फिर बस के पैसे?' वे निश्चिंत भाव से बोले– 'चैक देके भाटिया जी से ले लेंगे।' मैंने कहा– 'चिंता मत करिए, मांगने नहीं पड़ेंगे, मेरे पास हैं।' संकल्प प्रैस के कुछ रुपए मेरे पास थे।

बहते पानी की बानी

स्टूडियो में एक के बाद एक मैं उनके गीत सुनता रहा। रमते जोगी बहते पानी की बानी। एक अलौकिक अनुभव। महाकवि का उदात्त स्वरूप। दुनियावी झंझावातों से दूर हृदय की मुक्तावस्था। काव्यलोक से उतरा कोई अवतार। इस चिंता से मुक्त

कि जेब में धेला नहीं है। आत्मा और प्राण का गायक। कहां माइक है और कौन सुन रहा है इस बात से निरपेक्ष। मैं उन्हें आंखों से सुन रहा था। कानों से देख रहा था। रिकॉर्डिंग टेबिल का स्पूल-टेप काल-चक्र के समान घूम रहा था। दिशाएं गूंज रही थीं। और कह रही थीं- रंग आ जाए उसकी महफ़िल में, जिसकी महफ़िल में 'रंग' आ जाए।

आंखों से सुनी कविता

–ओ समय के देवता इतना बता दो, ये तुम्हारा व्यंग्य कितने दिन चलेगा। ...जब किया, जैसा किया परिणाम पाया, हो गए बदनाम ऐसा नाम पाया। मुस्कुराहट के नगर में प्राण डूबे, आंसुओं के गांव में आराम पाया। ...हमने जो भोगा वो गाया। ...हम बुरे हैं या भले हैं, आपको आपत्ति क्या है? दिलजले हैं, मनचले हैं आपको आपत्ति क्या है? ...ख़ास बात कुछ नहीं कहीं भी, किंतु शिकायत आम है, इतने बड़े गगन के नीचे कवि ही क्यों बदनाम है। ...मैं दुखी हूं पर सुखों का दान क्यों लूं? दान के मिस व्यर्थ का अहसान क्यों लूं?

...बहुत से प्रश्न ऐसे हैं जो सुलझाए नहीं जाते, मगर उत्तर भी ऐसे हैं, जो बतलाए नहीं जाते। ...रंग का रंग ज़माने ने बहुत देखा है, क्या कभी आपने बलबीर से बातें की हैं? ...जाने क्या से क्या कर देंगे मेरे गीत, तुम्हारे आंसू। ...सुना चुका मैं कहानी अपनी, तुम्हारा बोलो विचार क्या है? ये जान लो सब सुखी नहीं हैं, ये जान लो सब दुखी नहीं हैं। असंख्य आहों के इस जगत में, तुम्हारा मेरा शुमार क्या है? सुना चुका मैं कहानी अपनी...

ममता से भयभीत

उनकी गाई हुई एक पंक्ति मैं कभी नहीं भूल सकता–'निर्ममता से नहीं मुझे तो ममता से भय है।' ममता से भागने वाला यह आदमी कितने व्यापक और विरोधाभासी अहसासों में जी सकता था। देखिए तो सही, संसार की निष्ठुरता से नहीं आत्मीयों के ममत्व से भयभीत रहा।

गोष्ठी के बाद मैंने उनको बस-अड्डे पर छोड़ा। शायद दस रुपए मैंने दिए थे। वे टिकिट ले आए और बचे हुए पैसे मेरे हाथ पर रख दिए। मैंने पूछा– 'आपको रास्ते में पान-बीड़ी की ज़रूरत होगी?' वे बोले– 'अब हमें कोई ज़रूरत नहीं। समझो एटा पहुंच गए।'

बस चलने वाली थी। मैं जानता था कि बीड़ी बिना पांच-छः घंटे निकालना मुश्किल पड़ेगा। बिना कुछ कहे मैं बंडल-माचिस ख़रीदकर लाया। बस चल पड़ी थी। बस के पीछे-पीछे मैं साइकिल दौड़ाने लगा– 'ताऊजी ताऊजी ये...ये लीजिए।' उनके चेहरे पर चिंता थी कि कहीं मेरी साइकिल बस से न टकरा जाए।

आनंद का पारावार

मैं बता नहीं सकता कि कितना आनन्दित था। आकाशवाणी पर सुने उनके गीतों को गुनगुनाते हुए और साइकिल लहराते हुए घर पहुंचा।

घर पर आए हुए बालकृष्णजी के लिए जो पंक्तियां रंगजी ने लिखी थीं उन्हें अब तेतीस साल बाद पढ़ रहा हूं–

बालकृष्ण! तुमने तो मेरा हृदय लिया है जीत,
मुझ जैसे कलजुगी–सुदामा के बन बैठे मीत;
कई बार तुमने ही, मेरी जाती-बात बहोरी,
तुम पर मुझको बहुत भरोसा– ये मेरी कमज़ोरी;
जब मैंने चाही, कुबेर की सम्पति तुमने ला दी,
द्वापर की वह प्रीति पुरानी, फिर तुमने दुहरा दी।

सौ सवा सौ साल पहले

मैं और बागेश्री शाम के वक़्त अपने घर के पास वाले पार्क में टहलपट्टी का आनंद ले रहे थे। दो-तीन चक्कर लगाए, तो अंधेरा सा घिर आया। पार्क में जितनी बैंच पड़ी थीं, उन पर जवान जोड़े खुसुर-पुसुर करने लगे। हम दोनों कनखियों से बीच-बीच में जोड़ों को निहार लेते थे, पर टहलने की रफ़्तार कम नहीं करते थे। तीन-चार चक्कर और लग गए तो बागेश्री कहने लगीं, 'पता नहीं घंटों तक क्या बातें करते रहते हैं!' मैंने कहा–'अब से तीस साल पहले दिल्ली यूनिवर्सिटी की रिज पर, घंटों हम जो बात करते थे, वैसी ही ये करते होंगे।' बागेश्री थोड़ी सहज हो गईं। पुराने दिनों की स्मृतियों में खोते हुए बोलीं–'अच्छा बताओ, हम लोग क्या बातें करते थे?'

पुरानी यादें

मैंने स्मृतियों पर ज़ोर डाला–'आधे से ज़्यादा वक़्त तो लड़ते थे, बाकी बचे आधे का आधा सुलह सफाई और निदान में निकल जाता था। आधे के आधे का आधा घर बसाओ अभियान की रूपरेखा बनाते थे। उसके भी आधे का समय खाने-पीने में बिताते थे। बचा, समझो दो-ढाई परसैंट, उसमें आप मुस्कुरा दीं, हम मुस्कुरा दिए, हाथ थाम लिया, बस, उसी में जीवन सफल हो जाता था।' वे इतरा के कहने लगीं, 'अच्छा हम लड़ते किन मुद्दों पर थे?'

मुझे याद आए कुछ मुद्दे। एक मुद्दा था शादी का कि कब की जाए और दूसरा पी०एच-डी० का कि पहले पी०एच-डी० कौन करे। हम दोनों ही विश्वविद्यालय में प्राध्यापक बनना चाहते थे। मेरी एम०लिट्० पूरी हो चुकी थी इसलिए बिना पी०एच-डी० किए नौकरी मिल सकती थी। इस आधार पर तय हुआ कि पहले बागेश्री की पी०एच-डी० हो, बाद में मैं करूं। दूसरा व्यक्ति रिसर्च असिस्टैंट का काम करे।

रिसर्च असिस्टैंट की भूमिका

बहरहाल, शादी वाला मसला सुलझ गया। मुझे जामिआ में सन् पिचहत्तर में नौकरी मिल गई। घर में दो बच्चे आ गए। मैं बाहर की दुनिया में व्यस्त होता गया और वे घर-संसार में घिर गईं। मुझे विश्वविद्यालय के दबावों के रहते पी॰एच-डी॰ करनी पड़ी और बागेश्री जी उलहाने देती रहीं। पी॰एच-डी॰ वाला हमारा झगड़ा लगभग पच्चीस साल तक चला। उनकी पी॰एच-डी॰ सन् दो हजार में पूरी हुई। मैंने रिसर्च असिस्टैंट की भूमिका का निष्ठापूर्वक निर्वाह किया। विभिन्न पुस्कालयों से उपयोगी पुस्तकें लाना और सामग्री संकलन में हाथ बंटाना। विषय था–'हिन्दी कविता की शुक्लपूर्व व्यावहारिक समीक्षा'। उनके शोध के चक्कर में भारत यायावर द्वारा सम्पादित 'महावीर प्रसाद द्विवेदी रचनावली' हाथ लगी। यह रचनावली पन्द्रह भागों में विभक्त थी।

वे नाक-भौं नहीं सिकोड़ते थे

रचनावली के दूसरे भाग में 'कविसम्मेलन' शीर्षक से एक निबंध नज़र में आया। यह निबंध द्विवेदी जी ने श्रीयुत कविकिंकर नाम से लिखा था। इसका प्रथम प्रकाशन उन्नीस सौ छब्बीस की सरस्वती के जनवरी अंक में हुआ था। निबंध पढ़कर ख़ूब आनंद आया। यह जानकर अच्छा लगा कि आचार्य महावीर प्रसाद द्विवेदी आजकल के साहित्य-समीक्षकों के समान कविसम्मेलनों और कविसम्मेलनी कवियों के नाम पर नाक-भौं नहीं सिकोड़ते थे। वे कविता की वाचिक परम्परा के विरोधी नहीं थे बल्कि प्रबल समर्थक थे। वे चाहते थे कि कविसम्मेलन की कविता को भी तथाकथित 'शिष्ट साहित्य' में यथोचित स्थान मिले। वे मंचीय कवि की सामाजिक सामर्थ्य से परिचित थे। अनेक कविसम्मेलनी कवियों के बारे में उन्होंने कहा कि भले ही इनका पुस्तक अध्ययन-ज्ञान कम हो लेकिन ये जीवन-ज्ञान अधिक रखते हैं।

ऐसे कवियों को उन्होंने प्रकृत कवि कहा और उनकी महिमा बताते हुए लिखा– 'प्रकृत कवि क्या नहीं कर सकता? वह रोते हुओं को हंसा सकता है और हंसते हुओं को रुला सकता है। कायरों की रगों में वह वीरता का संचार कर सकता है। सोते हुओं को जगा सकता है, देशद्रोहियों को देशभक्त बना सकता है और मार्गभ्रष्टों को सुमार्ग में ला सकता है। जो मदोन्मत्त नर या नरेश किसी को कुछ समझते ही नहीं उनके दर्प को कवि ही चूर्ण कर सकता है। वह चाहे तो जगद्विजयी भूपालों के कीर्तिकलाप को कलंकित कर दे। वह चाहे तो अज्ञात या अल्प-प्रसिद्ध नरपालों के यशःशरीर को सदा के लिए नहीं तो चिरकाल के लिए अवश्य ही अमर कर दे। ऐसे विश्ववंद्य कवि की महत्ता को सभी बुधवर स्वीकार करते हैं।'

वे मज़ेदार दिन थे

'सरस्वती' के अन्य अंकों से भी समस्यापूर्ति गोष्ठियों और कविसम्मेलनों की जानकारी मिली। गोष्ठियों-सम्मेलनों का चलन तो भारतेन्दु युग में भी था किंतु कविता की भाषा मुख्यरूप से ब्रजभाषा थी। कैसे मज़ेदार दिन थे, गद्य लिखो तो खड़ी बोली में, पद्य कहो तो ब्रजभाषा में। या यों भी कह सकते हैं कि जीवन की समस्याओं की भाषा तो बोलचाल की खड़ी बोली और समस्यापूर्ति के लिए ब्रजभाषा की पड़ी बोली। पड़ी बोली इसलिए कहा क्योंकि ब्रजभाषा के काव्य में श्रृंगार का ही आधिक्य रहता था।

जनमानस नवजागरण की बेला में आंख खोलकर आधुनिकता की अंगड़ाई ले रहा था, इसलिए कविता अपने लिए ज़िंदगी की भाषा तलाशने लगी। वाचिक परंपरा की कविता का विधिवत कोई इतिहास नहीं लिखा गया, लेकिन एक बात, भले ही अनुमान से सही, पर दावे से कही जा सकती है कि कविता में खड़ी बोली का प्रवेश कविसम्मेलन के मंचों के माध्यम से ही हुआ।

कविसम्मेलन की कसौटी

कविसम्मेलन की कसौटी होता है सम्प्रेषण। बात तत्काल समझ में आनी चाहिए। ब्रजभाषा की कविता का प्राण आलंकारिकता, शब्द-चमत्कार और अप्रत्यक्ष-विधान में था। उस कविता को साहित्य के मर्मज्ञ तो समझ सकते थे लेकिन आम जन के सिर के ऊपर से गुज़र जाती थी।

उन्नीसवीं शताब्दी के अंत में कविता समस्यापूर्ति और ब्रजभाषा के खोल से निकलकर बोलचाल के प्लेग्राउण्ड में आने लगी। कविसम्मेलन यदि बैसवारा अंचल में हो रहा है तो बोलचाल की खड़ी बोली में बैसवारी के शब्द आ जाते थे। बुन्देलखंड अंचल में हो रहा हो तो खड़ी बोली का अंदाज़ बुन्देलखंडी हो जाता था। इसी प्रकार मिथिलांचल में मैथिली और मारवाड़ के अचंल में मारवाड़ी के संस्पर्श के साथ खड़ी बोली अपने सुदूरवर्ती भविष्य की व्यावहारिक यात्रा करने लगी।

द्विवेदीजी और उनके कुछ अंतरंग समकालीन इस बात को स्वीकार करते थे कि कविता की शर्त मात्र ब्रजभाषा अथवा अवधी नहीं है। कविता सभी भाषाओं और सभी बोलियों में हो सकती है। द्विवेदीजी ने उस निबंध में लिखा– 'देहात में अपढ़, अशिक्षित और गंवार आदमियों के मुंह से, उनकी बोली में, कविता सुनने को मिलती है। उनके गीतों में कवित्व की झलक और सुंदर भावों का सम्मिश्रण देख या सुनकर हृदय आनंद से पुलकित हो जाता है।' बीसवीं सदी की शुरूआत में भाषाओं और बोलियों की कविता के प्रति यह एक खुला और उदारवादी दृष्टिकोण था।

ब्रजभाषा का कोई विरोध नहीं था, न ब्रजभाषा कविता पर कोई पाबंदी थी, लेकिन इतना ज्ञान अवश्य था कि अब ब्रजभाषा में कविता लिखने से केवल ब्रजवासियों को ही प्रसन्नता होगी। अगर बहुसंख्यक लोगों तक जाना है और अन्यान्य प्रांतों के निवासियों को भी अपने हृदयोद्गारों का लाभ देना है तो बोलचाल की हिंदी ही सम्प्रेषण के लिए अनुकूल रहेगी। इस तरह कविसम्मेलनों ने बोलचाल की सरल भाषा की राह पकड़ी।

लोकप्रिय संस्कृति के हिमायती

द्विवेदीजी वस्तुत: लोकप्रिय संस्कृति के हिमायती थे। एक और मज़े की बात, वे रीतिकाल के शृंगार-काव्य का घनघोर विरोध करते थे, लेकिन कविसम्मेलनों में पढ़े जाने वाले शृंगारिक गीतों का समर्थन करते थे। मैं समझता हूं इसके दो कारण रहे होंगे। एक तो ये कि जिस भाषा में वे साहित्य देखना चाहते थे, कविसम्मेलनों में वह विकसित हो रही थी और दूसरा यह कि उस समय के कविसम्मेलनी कवियों की शृंगार कविता जीवन से जुड़ी हुई थी न कि राजा-महाराजाओं से। अब से सौ सवा सौ साल पहले भी जो कविसम्मेलन हुआ करते थे, उनकी बुनियादी समस्याएं वही थीं जो आज के कविसम्मेलन की हैं। यानि, स्तरहीनता, ताली और लिफ़ाफ़ा।

अश्लील कविता पर बवंडर

उस ज़माने के एक कविसम्मेलन का ज़िक्र मिलता है जिसमें किसी कवि ने ऐसी कविता सुना दी कि बवंडर मच गया। अख़बार में छप गया कि अमुक कवि ने कोई अश्लील कविता पढ़ दी जिससे कुछ श्रोता उद्विग्न हो उठे और उपस्थित महिलाएं सभास्थल छोड़कर चली गईं।

मुझे ये पढ़कर सुखद आश्चर्य हुआ कि आचार्य महावीर प्रसाद द्विवेदी ने अख़बार की टिप्पणियों का नहीं बल्कि कवि का ही समर्थन किया। लगभग समर्थन में उन्होंने लिखा-'विश्वास नहीं होता कि इतने बड़े सभ्य समाज में कोई कवि अश्लील कविताएं सुनाने का साहस करेगा, फिर चाहे उसकी रुचि कितनी ही बुरी क्यों न हो। कवियों में आजकल दलबंदियां ख़ूब हो रही हैं। संभव है, किसी विपक्षी दल के एक या अनेक कवियों ने किसी शृंगाररसपूर्ण कविता को अश्लील कह दिया हो, जिसे सुनकर महिलाएं उठ गई हों। उठकर उनके चले जाने के और भी तो कारण हो सकते हैं। संभव है, कविताएं उनकी समझ ही में न आती हों।'

'अश्लीलता के समाचार तो लोगों ने उड़ा दिए पर किसी ने उस अश्लील कविता या उसके भावों का प्रकाशन इशारे से भी नहीं किया।' इस उद्धरण से

साफ़-साफ़ झलक रहा है कि वे कविसम्मेलन के उस निरीह कवि को संरक्षण प्रदान करना चाहते हैं। उन्होंने माना कि कविसम्मेलनों में उपहार और पुरस्कार का लालच रहता है। शाबाशी मिलने की कामना रहती है। भले ही गुटबंदी और दलबंदी भी हैं, लेकिन कविसम्मेलनों से व्यापक कविता-प्रेमियों के अंदर नए-नए शब्दों और मनोभावों को समझने और स्वयं भी चुस्त-दुरुस्त भाषा में खुद को व्यक्त करने की शक्ति बढ़ती है।

उस ज़माने के कविसम्मेलनों की कुछ झलकियां कभी आगे भी दिखाऊंगा, फ़िलहाल तीस साल पहले बागेश्री जी के साथ बिताए कुछ लमहों का इतिहास पेशे-ख़िदमत है, जिसे आप बैंच पर बैठे जोड़ों का वर्तमान भी मान सकते हैं।

चलती रहीं, चलती रहीं,
चलती रहीं बातें
यहां की, वहां की,
इधर की, उधर की
इसकी, उसकी,
जाने किस-किस की,
कि एकाएक
सिर्फ़ उसकी आंखों को देखा मैंने
उसने देखा मेरा देखना।
और... तो फिर...
किधर गईं बातें,
कहां गईं बातें?

पटाक-तख़ल्लुस यानी उपनामोपनाम

हमारे देश में नाम से पहले सम्मानसूचक विशेषण या विशेषण-माला लगाने की प्रथा पुरानी है। जैसे, कोई बड़े ऋषि, भक्त या संत हुए तो उनके नाम से पहले आदिकवि, वेदव्यास, महापंडित, संत-शिरोमणि, श्रीयुत, पूज्यपाद, महामंडलेश्वर, कर्मठ-कमंडलेश्वर, अनंतश्रीविभूषित, एक सौ आठ या एक हज़ार आठ श्री श्री, जैसा कुछ लगा दिया। मुगल शहंशाह जब दरबार में आते थे तो फ़िरदौसमकानी, जन्नतआशियानी, जिल्लेसुभानी से लेकर शहंशाहे-वक़्त और शहंशाहे-हिन्द तक न जाने कितने विशेषण लगाए जाते थे। मुग़ल दरबारों में ये विशेषण आगे तो लगाए ही गए, पीछे भी लगाए गए। अकबर के दरबार के कवि अब्दुर्रहीम को ख़ानख़ाना यानी ख़ानों के ख़ान की उपाधि दी गई। उन्हीं के एक अन्य दरबारी थे-तन्ना मिश्र। अकबर ने उपाधि क्या दी, उनका नाम ही 'तानसेन' हो गया।

विशिष्ट पहचान हो

मूल नाम को बदलने के मूल में एक मनोवैज्ञानिक-सामाजिक कारण यह रहा होगा कि समाज में वह व्यक्ति सामान्य न समझा जाए, उसकी कोई विशिष्ट पहचान हो। तन्ना मिश्र या अब्दुर्रहीम तो बहुत हो सकते हैं, लेकिन तानसेन और ख़ानख़ाना आपको ढूंढे नहीं मिलेंगे। पूर्वनाम अथवा उपनाम किसी विशिष्ट व्यक्ति की अद्वितीयता के द्योतक हैं। महाराज! ऐसा कोई दूसरा नहीं है इस संसार में, क्या समझे?

सामने वाले को मूलनाम से पुकारने की संस्कृति पश्चिम में चलती है। वहां बेटा पिता को नाम से पुकार सकता है। पिता चलो अपवाद हो भी जाए तो समाज के शेष सदस्य! वे इस बात का बुरा नहीं मानते कि नाम लेकर पुकारा जा रहा है। कुछ अपवाद माता-पिता के बंधु-बांधव हो सकते हैं, लेकिन वे सब अंकल और आंटी में सिमट जाते हैं। यहां की तरह नहीं है कि बुआ-फूफा, मौसी-मौसा,

चाची-चाचा, ताई-ताऊ कहकर हर व्यक्तित्व की अद्वितीयता की नहीं, तो कम से कम अतृतीयता, अचतुर्थता या अशतता की रक्षा तो हो सके।

बहरहाल, जब अंग्रेज़ भारत आए तो यहां संबोधनों में विशेषणों की झड़ी और नाम की पूंछ में पदनामों और उपनामों की लंबी लड़ी देखकर घबरा गए। उन्हें यहां अपने पैर जमाने थे, इसके लिए उन्होंने राजाओं से दोस्ती की और उनकी इस कमज़ोरी को भांप लिया कि नाम के आगे विशेषण लगाने से ये लोग बहलाए और फुसलाए जा सकते हैं। लॉर्ड कर्जन का दिल्ली दरबार तो बहुत प्रसिद्ध है जहां राजाओं को उपाधियां बांटी गईं लेकिन किसानों पर लगान बढ़ा दिए गए। किसी को बहादुर कहा किसी को रायबहादुर, किसी को सिर्फ राजा तो किसी को महाराजा। तीन हज़ारी, चार हज़ारी, पंच हज़ारी, मनसबदारी भी होती थीं। छोटे राजा ख़ुश, बड़े राजा ख़ुश, राजा के दरबारी ख़ुश, प्रजा से तो लेना-देना क्या। माफ़ करिए, लेना था- लगान।

ओहदों की सामंती ठसक

हिन्दी साहित्य के आधुनिककाल के आंगन में जब नई-नई गद्य-विधाएं दबे पांव आ रही थीं तब भी साहित्यकार उपाधियों और ओहदों की सामंती ठसक से मुक्त नहीं थे। जैसे, राजा शिव प्रसाद कहलाते थे 'सितारेहिंद' और लक्ष्मण सिंह को राजा का ख़िताब मिला हुआ था। ख़िताब पदवियां और ओहदे अंग्रेज़ लोग इसलिए बख़्शते थे ताकि उस ज़माने का साहित्यकार उनकी वंदना में लगा रहे।

आधुनिककाल के जनक भारतेन्दु हरिश्चन्द्र का परिवार पुश्तों से अंग्रेज़-भक्त था लेकिन बाबू हरिश्चन्द्र 'संतन कौ कहा सीकरी सौं काम' परंपरा के थे। वे वायसराय की महफ़िलों में तो गए लेकिन ओहदों और पदवियों के लिए नहीं, जनता ने ही उन्हें ओहदा दिया था 'भारतेन्दु' का।

अब हर किसी को तो राजा-शासक या जनता कोई विशेषण नाम या उपनाम नहीं देते थे। इस मामले में कलाकार स्वावलंबी होने लगे। अपनी अलग पहचान बनाने के लिए उन्होंने अपने उपनाम स्वयं रखना प्रारंभ कर दिया। उर्दू फ़ारसी के कवियों ने इसे तख़ल्लुस कहा। मिर्ज़ा नाम से पहले की उपाधि है विशेषण के रूप में, और ग़ालिब है तख़ल्लुस। मीर, दाग़, जौक नाम के बड़े शायरों का मूल नाम क्या होगा ये सामान्य जन को पता नहीं है।

उपनामों का मोह

हिंदी कवियों में उपनाम लगाने की शुरूआत कब से हुई ठीक-ठीक नहीं कहा जा सकता। लेकिन प्रसिद्ध हुए अयोध्यासिंह उपाध्याय 'हरिऔध' और बाबू जगन्नाथदास 'रत्नाकर'। छायावाद में 'प्रसाद' और 'निराला' भी उपनाम थे। ये

विश्वविद्यालयों और उनके पाठ्यक्रमों की मेहरबानी है कि हम इन कवियों के मूलनाम भी जानते हैं। जयशंकर 'प्रसाद' और सूर्यकांत त्रिपाठी 'निराला'। 'अज्ञेय' जी का लंबा नाम भी लोग बता सकते हैं क्योंकि विभिन्न संचार माध्यमों ने पूरा नाम प्रचारित किया– सच्चिदानंद हीरानंद वात्स्यायन 'अज्ञेय'। शोधार्थियों को चाहिए कि खोजकर बताएं कि 'अज्ञेय' जी का यह पूरा नाम भी मूलनाम है कि नहीं।

समाज में एक नाम के बहुत से लोग होते हैं। उन बहुत से लोगों को एक-दूसरे से कोई परेशानी नहीं होती। परेशानी होती है कलाकारों को। इसीलिए उपनाम और तख़ल्लुस का चलन चला। फिर एक उपनाम या एक तख़ल्लुस के अनेक शायर होने लगे। अब क्या किया जाए? किसी ने 'जिगर' तख़ल्लुस रखा तो पता चला किसी और शहर में दूसरे 'जिगर' साहब हो गए। तब अपनी अद्वितीयता की रक्षा के लिए एक जिगर साहब ने अपने शहर का नाम अपने नाम के साथ जोड़ लिया। मूल नाम एकदम ग़ायब हो गया। रह गया तख़ल्लुस और शहर का नाम–जिगर मुरादाबादी। अब मुरादाबाद में किस शायर की हिम्मत होगी कि वह अपना तख़ल्लुस 'जिगर' रख ले। दूसरे 'जिगर' साहब यदि रामपुर में हैं तो उन्हें स्वयं को 'जिगर रामपुरी' कहना पड़ेगा। जिसकी शायरी चल गई वो प्रसिद्ध हो गया, जिसकी नहीं चली उसे काल का गिद्ध खा गया।

नाम के साथ स्थान का नाम जोड़ने का सिलसिला सैंट्रल एशिया से तुर्क लोग लाए थे। गजनी के महमूद को महमूद गजनवी कहा जाता था। राजस्थान, गुजरात, महाराष्ट्र और दक्षिण-भारत के कुछ स्थानों पर नाम के साथ शहर का नाम लगाने का चलन है। कितना पुराना है यह शोध का विषय है।

तख़ल्लुसों की फ़ेहरिस्त

पश्चिमी उत्तर प्रदेश में साले के साले को पटाक-साला कहा जाता है। तख़ल्लुस के आगे शहर का नाम लगाना भी लगभग ऐसा ही है। तख़ल्लुस का तख़ल्लुस यानी पटाक तख़ल्लुस। इसे हम उपनाम का उपनाम यानी उपनामोपनाम भी कह सकते हैं। साहित्य में पटाक तख़ल्लुस का सिलसिला उर्दू-फ़ारसी के शायरों ने प्रारंभ किया। किसे पता है कि नज़ीर अकबराबादी का मूल नाम सय्यद वली मोहम्मद है, जोश मलीहाबादी का मूल नाम शब्बीर हसन ख़ां, हफ़ीज़ जालंधरी अब्दुल मोहम्मद हैं, मजाज़ रदौलवी मूलतः असरारुलहक हैं, वामिक़ जौनपुरी अहमद मुज्तबा हैं, क़तील शिफ़ाई का मूल नाम औरंगज़ेब ख़ां है, सलाम मछलीशहरी मूलतः अब्दुस्सलाम हैं, साहिर लुधियानवी हैं–अब्दुल हयी। आज़मगढ़ के अतहर हुसैन को कैफ़ी आज़मी के नाम से जाना जाता है। अकबर इलाहाबादी सय्यद अकबर हुसैन हैं और रियाज़ ख़ैराबादी सय्यद अहमद। तख़ल्लुस और पटाक़ तख़ल्लुसों की लंबी फेहरिस्त पेश की जा सकती है।

हिंदी में उपनामों का चलन बीसवीं सदी के प्रारंभ में तेज़ हुआ। 'कंटक' 'सनेही', 'अवधेश', 'अशंक', 'निराला', 'समीर', 'अनुरागी' जैसे उपनाम छायावादोत्तर काल की नवगीति काव्यधारा में दिखाई दिए। राष्ट्रीय काव्यधारा की ओज की रचनाएं लिखने वालों को 'दिनकर', 'विप्लव', 'क्रांतिकारी', 'प्रचंड' और 'विद्रोही' जैसे नाम रुचते थे। कोमल गीतकार 'सुमन', 'प्रसून', 'किसलय', 'पारिजात', 'नीरज', 'सरोज' जैसे पुष्पोन्मुखी नाम रखते थे। कुछ प्रकृति के अन्य चाक्षुष बिंबों को भी उपनाम बनाया गया जैसे–'निर्झर', 'दिगंत', 'रत्नाकर', 'सागर', 'घन', 'मेघ', 'शशि', 'रवि', 'शशांक', 'आदित्य'। कुछ उपनाम पशु-पक्षी जगत से आयात किए गए जैसे–'चातक', 'मयूर', 'मृगांक', 'हंस'।

हिंदी के हास्य-कवि और उपनाम

हिंदी में अपने शहर का नाम लगाने का चलन हास्य कवियों ने प्रारंभ किया। पहले बनारस में फिर हाथरस में। भैयाजी बनारसी, चोंच बनारसी, बेढब बनारसी जैसे कई बनारसी आपको मिल जाएंगे, लेकिन हाथरस ने इस पटाक तख़ल्लुस या उपनामोपनाम रखने की परंपरा में कीर्तिमान स्थापित किया। जितने हाथरसी पटाक तख़ल्लुस के कवि हाथरस में हैं, उतने विश्व के किसी कोने में अपने शहर के नाम को देदीप्यमान करने वाले कवि नहीं मिलेंगे।

मेरा अनुमान है कि हाथरस में उन्नीसवीं शताब्दी के अंत और बीसवीं शताब्दी के प्रारंभ में ज़रूर कोई उर्दू के शायर रहे होंगे जिन्होंने अपने नाम के आगे हाथरसी पटाक तख़ल्लुस लगाया होगा, लेकिन जो पहला नाम लोकप्रिय हुआ, वह था–काका हाथरसी। उनका मूलनाम है– प्रभूलाल गर्ग।

हाथरस तख़ल्लुस वाले कवि

काका हाथरसी के बाद हाथरस में प्रसिद्ध हुए– देवीदास शर्मा, लेकिन 'निर्भय हाथरसी' पटाक तख़ल्लुस के साथ। 'हाथरसी' पटाक तख़ल्लुस वाले अनेक कवियों को मैं जानता हूं। हाथरस के हास्यरस पर चर्चा अगली बार करूंगा, आज मैं सिर्फ़ उनके नाम बता रहा हूं।

इन नामों में ही आपको कविता नज़र आए तो सराहिएगा। नाम हैं– उजाला हाथरसी, चाचा हाथरसी, लाला हाथरसी, चमचा हाथरसी, गिल्लू हाथरसी, घायल हाथरसी, सागर हाथरसी, लल्ला हाथरसी, शर्माजी हाथरसी, रसराज हाथरसी, राजू हाथरसी, नाना हाथरसी, दनादन हाथरसी, सेवक हाथरसी, तरुण हाथरसी, मामा हाथरसी, ये तो वे हैं जिनसे मैं व्यक्तिगत रूप से मिल चुका हूं। इतना जानता हूं कि मायावती ने जब से हाथरस का नाम महामायानगर कर दिया है तब से इन हाथरसी कवियों के दिल पर अच्छी नहीं बीत रही। हाथरस के कुछ और

कवि मेरी जानकारी में आए हैं उनकी नामावली नीचे दे रहा हूं। इन नामों में उपनामोपनाम 'हाथरसी' आप अपनी ओर से लगा लीजिएगा।

अक्खड़, फक्कड़, भुक्खड़, मुच्छड़,
अड़ियल, सड़ियल, खटमल, हलचल,
पायल, घायल, चंचल, डंठल,
मच्छर, खच्चर, शनीचर, फटीचर,
लुक्का, फुक्का, राका, धमाका,
गुलकन्द, माखन, लड्डू, लाखन,
सींग, सांड़, भूत, भांड़,
नंग, हुड़दंग, बांके, बजरंग,
ठूंठ, लट्ठा, टोपा, पट्ठा,
फूफा, मामा, हड़कू, हंगामा,
ताऊ, चाचा, चीमटा, चमचा,
नोंकू, नोंचू, चोंचू, घोंचू,
ऐरा और ग़ैरा, वग़ैरा वग़ैरा।

हाथरस में कविता की खेती

तो ये बात तय पाई गई कि हिन्दी की वाचिक परंपरा में हाथरस शहर इस मामले में सर्वोपरि है, जहां के कवियों ने अपने शहर के नाम को अपने उपनाम अथवा उपनामोपनाम के रूप में अंगीकार किया। फिर से दोहरा दें कि 'हाथरसी' तख़ल्लुस के जितने कवि हुए और आज भी पाए जाते हैं उतने किसी दूसरे शहर में नहीं हैं। ऐसे कवि जिन्होंने अपने नाम के साथ अपने नगर का नाम भी रोशन किया हो।

कविता एक, रूप अनेक

बीसवीं सदी में हाथरस की मिट्टी हास्यरस के कवियों के लिए अत्यंत उर्वर रही है। इक्कीसवीं सदी की शुरूआत में इस नगर का नाम हाथरस से महामायानगर हो गया। विगत चार वर्षों में हाथरस में कवि बनना बंद हो गए हों, ऐसा नहीं है, लेकिन मेरी जानकारी में ऐसा कोई कवि नहीं आया जिसने अपने नाम के आगे 'महामायानगरी' उपनाम लगाया हो।

हां, इस दौरान कोई नया कवि 'हाथरसी' तख़ल्लुस से भी मेरे संज्ञान में नहीं आया। शायद निकट भविष्य में आए भी नहीं, क्योंकि जब अपने नगर के नाम के बारे में ही वहां का नागरिक अंतिम निर्णय से अपरिचित हो तो अपने नाम के साथ खिलवाड़ क्यों करेगा भला! राजनीतिज्ञों का क्या है, कोई अगला मुख्यमंत्री इस नगर को तीसरा नाम दे सकता है।

जो भी हो, मैं देखना-परखना चाहता हूं कि बीसवीं सदी में हाथरस में ऐसा क्या था, जिसने अपने नगर को मंचीय कविता और हास्यरस से लबालब भर दिया। सन् 1964 से 1969 तक मुझे हाथरस में रहने का सौभाग्य प्राप्त हुआ। वहां के बागला इंटर कॉलेज से इंटरमीडिएट किया और बागला डिग्री कॉलेज से बी॰ए॰ का प्रथम वर्ष। इस काल में वहां की साहित्यिक-सांस्कृतिक गतिविधियों से रूबरू हुआ।

जिस तरह हर शहर में नुमाइश, नौचंदी, प्रदर्शनियां और मेले लगते हैं, उसी तरह हाथरस में दाऊजी का मेला लगता है। मेले में एक दिन स्थानीय ब्रजभाषा कविसम्मेलन होगा तो दूसरे दिन बाहर के ब्रजभाषा कवियों का, तीसरे दिन स्थानीय खड़ी बोली के कवि काव्यपाठ करेंगे तो चौथे दिन अखिल भारतीय कवि सम्मेलन होगा। किसी दिन रसिया दंगल खिच्चो आटेवाले का तो अगले दिन लछमनदास का। फिर नौटंकी होगी, और किसी एक रात भगत। दूसरे शहरों की पार्टियां मेले में स्वांग दिखाएंगी। कविता पर आधारित जितने कार्यक्रम अनेकानेक रूपों में इस मेले में होते हैं उतने किसी दूसरे शहर में नहीं होते।

हाथरस की नौटंकी

सच बताऊं, ऐसा कविता-कला-प्रेमी शहर मैंने दूसरा नहीं देखा। शिक्षित मध्यवर्ग के अलावा आसपास के निरक्षर देहाती भी मैंने कविता के दीवाने देखे। ऐसा अनायास नहीं हो सकता। मेरा अनुमान है कि हाथरस को लोकप्रिय कविता का शक्तिशाली केन्द्र बनाने में पं० नथाराम गौड़ का बड़ा योगदान है। बीसवीं सदी के प्रारंभ में उनका नौटंकी स्वांग लेखन अपने शिखर पर था। नौटंकी के माध्यम से उन्होंने हाथरस को कविता लेखन की एक कार्यशाला बना दिया। नौटंकी में उन्होंने बहरे-तबील, चौबोला, दौड़, दोहा, लावनी, लंगड़ी-लावनी, कव्वाली, कड़ा-कव्वाली और उर्दू-फ़ारसी की लोकप्रिय बहरों को स्थान दिया। उनके छंद संस्कृत काव्यशास्त्र से नहीं आए बल्कि लोकगीतों, पारसी थियेटर और उर्दू गायन से आए। उर्दू में एक ओर शास्त्रीय कविता ग़ज़ल थी, तो दूसरी ओर नातिया कलाम और कव्वालियां थीं।

हाथरस में कुंठाविहीन भाषा

भक्तिकाल और रीतिकाल की प्रमुख काव्यभाषाएं ब्रजभाषा और अवधी थीं। उन्नीसवीं सदी के प्रारंभ में खड़ी बोली गद्य की भाषा के रूप में अवतरित हो चुकी थी लेकिन सदी के अंत तक ही वह कविता की भाषा भी बन पाई। हमारे महान और शास्त्रीय कवि खड़ी बोली में कविता रच रहे थे, लेकिन कस्बों और गांव देहात में बोलियों का वर्चस्व था।

पंडित नथाराम गौड़ अपने स्वांग और नौटंकियों को लेकर ब्रजमंडल में तो घूमते ही थे, पश्चिम में राजस्थान, मध्यभारत और पूरब में उत्तर प्रदेश के पूर्वांचल और सुदूर बिहार तक भी जाते थे। अपने यायावरी अनुभवों का लाभ उठाते हुए उन्होंने अपने लेखन के लिए ऐसी भाषा चुनी जो उस समय की लोकस्वीकृत भाषा थी। सम्प्रेषण की सीधी-सरल भाषा। उस भाषा में ब्रजभाषा का संस्पर्श तो है लेकिन उसे विशुद्ध ब्रजभाषा नहीं कहा जा सकता। उसमें उर्दू, फ़ारसी, अवधी

और विभिन्न जनबोलियों के चलन में आने वाले शब्द बहुतायत में मिलते हैं। हाथरस की भविष्य की कविता को उन्होंने एक कुंठाविहीन भाषा दे दी।

कविता के खेत की जुताई

जहां तक नौटंकी के रचनाविधान का सवाल है उसमें पंडित नथाराम गौड़ ने जायसी से कथात्मकता, कबीर से दोहे, सूरदास से पद, तुलसी से चौपाई, लोक-लेखन से चौबोला और दौड़ और दरगाहों से नातिया कलाम और कव्वाली लीं। ऐतिहासिक, पौराणिक और लोकप्रिय काल्पनिक चरित्रों पर उन्होंने ऐसी रसमय नौटंकियां लिख दीं, जो आज भी पूरे भारत में खेली जाती हैं। 'अमरसिंह राठौर' के ज़रिए उन्होंने हिन्दू-मुस्लिम एकता, सद्भाव और नारी की त्यागमयीमूर्ति को विषय बनाया। इस नौटंकी की एक बहरेतबील में भतीजा रामसिंह अपने चचा अमरसिंह से कहता है–**'मती बोली की गोली से घायल करौ, वैसे सर को उड़ा दो उजर ही नहीं, अब कहा सो कहा ख़ैर कायर, मगर, अब ज़ुबां पर ये लाना ज़िकर ही नहीं।'**

पंडित नथाराम की नौटंकी

'स्याहपोश' में नारी का उद्दाम श्रृंगारिक स्वरूप है। 'लैला-मजनूं', 'सुल्ताना डाकू', 'सत्य हरिश्चन्द्र' उनके द्वारा लिखी गई कालजयी नौटंकियां हैं। इन सभी में मुक्त श्रृंगार और सहज हास्य है। ये नौटंकियां न केवल अलग-अलग कंपनियों द्वारा अपार जनसमुदाय के सामने पूरी-पूरी रात तो चलती ही थीं, दिन में गांवों की चौपालों पर सामूहिक रूप से बांची भी जाती थीं। मोटे सस्ते अख़बारी काग़ज़ पर ये किताबें छपती थीं, चाकू, ब्लेड, लकड़ी के फुटे या पेंसिल की नोंक से पुस्तक के पृष्ठों को अलग-अलग करना पड़ता था। सभी पुस्तकों का आवरण लगभग एक जैसा होता था। पं० नथाराम का भव्य चित्र, जिसमें वे सिर पर पगड़ी लगाए हुए हैं और अंगरखे पर लगभग पचास मैडल। मोटे फॉन्ट की छपाई ताकि बिना चश्मा पढ़ने में भी बाधा न हो। कह सकते हैं कि पं० नथाराम गौड़ ने हाथरस को कविता की सरल भाषा के अलावा मुक्त श्रृंगार और हास्यरस का वरदान दिया। एक तरह से उन्होंने लोकप्रिय कविता के विराट खेत में जुताई का काम किया।

रसिया : काम करारा

नौटंकी के अलावा हाथरस में लोकप्रिय कविता का एक और नैसर्गिक झरना था– रसिया। रसिया कृष्ण के उस स्वरूप को कहा जाता है जिसमें वे हर्षोल्लास की बांकी अदाओं के साथ रसीली उक्तियां कहते हैं। लोककाव्य की रसिया शैली में प्रत्युत्पन्नमति और आशुकवित्व का जलवा रहता था। तुमने कोई बात कही तो लो इधर से जवाब फौरन हाज़िर है, कविता में ही। एक तरफ़ कुश्ती के दंगल

चलते थे तो दूसरी तरफ रसिया के। रसिया हाथरस में काव्य-लेखन का एक ऐसा खेल बन गया जिसमें दिल-दिमाग, कल्पना, भावना के साथ भाषा-कौशल और तुकांत-प्रयोग की तत्काल परीक्षा होती है। नौटंकी हो या रसिया दोनों का संबंध गायन से था।

पं॰ नथाराम गौड़ और लल्लू-भजना, गैंदा-लछमन और खिच्चो आटेवाला ऐसे कवि थे जो गायक भी थे। गायकी में शास्त्रीय रागदारी भी रहती थी। हारमोनियम, नक्कारा, ताशा और ढोलक उसके प्रमुख वाद्य थे। श्रोताओं को कविता के साथ गायकी का आनंद भी मिलता था। आनंद तब और अधिक आता था जब सामने वाले दल का सार्वजनिक अपमान हो जाए। करारा जवाब मिले और सामने वाले को निरुत्तर कर दिया जाए–**'रसियन कौ काम करारौ, कह रयौ खिच्चो आटे वारौ।'**

वे कवि जो गायकी में पारंगत नहीं थे, अखाड़ों के उस्ताद बन गए। दंगल के दौरान वे पीछे बैठकर तत्काल छंद बनाकर देते थे और गायक तत्काल गा देते थे। वाद-विवाद आगे तक बढ़ जाता था और श्रोता पद्यात्मक गद्य में उनकी गाली-गलौज का मज़ा लेते थे।

इस प्रकार नौटंकी के बाद रसिया ने हाथरस की जुती-जुताई रचनात्मक ज़मीन पर कविता के बीज बो दिए। इनके साथ-साथ ख़ूब नाटक होते थे और ख़ूब कविसम्मेलन। बीसवीं सदी के पूर्वार्द्ध के पूर्वार्द्ध में कविता की फ़सल भरपूर लहलहाने लगी। दोहा, चौपाई, कवित्त, कुंडली, बहरतबील, चौबोला, दौड़ और तरह-तरह के रसभरे गीत लिखना, सुनना और सराहना वहां का आम व्यसन बन गया।

एक चमत्कारी व्यक्तित्व

हाथरस को हास्य के क्षेत्र में एक चमत्कारी व्यक्तित्व मिले– श्री प्रभूलाल गर्ग, जिन्हें काका 'हाथरसी' के नाम से प्रसिद्धि मिली। पं॰ नथाराम गौड़ एवं रसिया उस्तादों के बाद हाथरस को काकाजी हास्य कविता की फसल को पकाने के लिए प्राप्त हुए। एक कवि और हुए श्री देवीदास शर्मा उर्फ निर्भय 'हाथरसी'। काकाजी कुंडली-कवित्त की साहित्यिक परंपरा से आए थे और निर्भयजी रसिया दंगलों के अखाड़े से। भंग-भवानी की बगीची-संस्कृति से जुड़े श्री श्याम 'बाबा' ने ब्रजभाषा कविता की परंपरा को विकसित किया।

इन सबके बारे में बड़े रोचक किस्से हैं, जिन्हें अगली बार बताऊंगा। पर इतना तय है कि कविता साम-दाम-दण्ड भेद से हाथरस में अंगद का पांव बनकर जमी हुई है।

मैंने हाथरस की एक बगीची पर एक पहलवान का संवाद सुना और मेरी खोपड़ी ने काम करना शुरू कर दिया। छोटी सी कविता बना दी। आप हाथरसवासी

के इस संवाद का मज़ा लीजिए, जिसमें 'साम', 'दाम', 'दण्ड' और 'भेद' चारों शब्द प्रयुक्त हुए हैं–

जो है काऐ सो,
साम कौ टैम है गयौ ऐ,
दाम दमड़ी कौऊ
इंतज़ाम कन्नौं ऐ डाट कै,
दंड पेल रयौ होयगौ पट्ठा
बगीची पै,
जे नाएं कै टैम तेई
भेद देय घोट-घाट कै।

अंतिम विदाई हो तो ऐसी

देश में, और इन दिनों विदेशों में भी, आफ़्टर सो मैनी विश्व हिंदी सम्मेलन्स, पढ़ाया जाता है- हिन्दी साहित्य। पढ़ाने के लिए मिल गए अनेक हिन्दी साहित्य के इतिहास। हिन्दी साहित्य के इतिहासों में किया गया काल विभाजन- द आदिकाला, द भक्तिकाला, द रीतिकाला एण्ड द आधुनिककाला। हमारी वाचिक परंपरा तो बहुत पुरानी है लेकिन कविसम्मेलन-मुशायरे के बीज हिन्दी साहित्य के इतिहासों में वर्णित रीतिकाल में पड़े होंगे। 'होंगे' इसलिए कह रहा हूं चूंकि हिन्दी साहित्य के इतिहासकारों ने 'फुटकर कवि' के अंतर्गत भी मंचीय-कवियों को स्थान नहीं दिया। क्यों? क्योंकि, इतिहास राजाओं के लिखे जाते हैं, प्रजाओं के नहीं। कवियों में जो राजा थे उनकी जयजयकार हुई। प्रजा के कवि, प्रजा में, प्रजा के लिए, प्रजा के द्वारा, कभी ससम्मान कभी उपेक्षा के साथ प्रज्वलित कर दिए गए अथवा इतिहास के बाहर के क़ब्रिस्तान में दफ़्न कर दिए गए।

तीन तरह के कवि

तो जी जनाब! वो जो था रीतिकाल, उसमें तीन तरह के कवि गिनाए गए–रीतिसिद्ध, रीतिबद्ध और रीतिमुक्त। और जी, साब जी! ये जो है आधुनिक कविसम्मेलनों का कुरीतिकाल, इसमें भी तीन प्रकार के कवि पाए गए और पाए जाते हैं– कुरीतिसिद्ध, कुरीतिबद्ध और कुरीतिमुक्त।

विमर्श सोदाहरण किया जाए तो अच्छा रहता है, लेकिन जीवितों को उदाहरण बनाने में मामला उल्टा भी पड़ सकता है। यह सोचकर, अपने समकालीनों के श्रेणी-विभाजन का कार्य, मैं आगे आने वाले हास्येतिहासकारों पर छोड़ता हूं और पिछली बार बात चूंकि हाथरस पर छोड़ी थी, इसलिए वहीं से उदाहरण उठाता हूं।

कुरीतिमुक्त कवि काका

हाथरस में एक कुरीतिमुक्त कवि हुए हैं– काका हाथरसी। काकाजी का जन्म 18 सितंबर 1906 को हुआ था। 1995 में इसी दिनांक को वे इस दुनिया को अलविदा कह गए। मैं दावे के साथ कह सकता हूं कि बीसवीं सदी में भारतवर्ष में किसी कवि की ऐसी भव्य अंतिम-यात्रा न निकली होगी, जैसी काकाजी की निकली।

अपनी अंतिम-यात्रा के बारे में काकाजी की तीन कामनाएं थीं, जो उन्होंने मुझे भी बताईं। उनकी उस मौखिक वसीयत के अनुसार पहली कामना थी कि उनकी शवयात्रा ऊंटगाड़ी पर निकाली जाए, दूसरी– उनकी शवयात्रा में सब हंसते हुए सम्मिलित हों, रोने पर पाबंदी रहे, और तीसरी– जब उनकी अंत्येष्टि हो तो श्मशान-भूमि में चिता-दहन के समय एक हास्य-कविसम्मेलन आयोजित किया जाए।

काकाजी के उत्तराधिकारियों और हाथरस की जनता ने ऐसा ही किया।

काका की विकास-गाड़ी

अब ज़रा इस कुरीतिमुक्त कवि के बारे में थोड़ा सा जान लिया जाए। बचपन में वे हाथरस से पन्द्रह किलोमीटर दूर इगलास नाम की तहसील में अपने नाना के पास रहते थे। प्रारंभ से ही उन्हें संगीत और चित्रकारी का शौक था।

काका की क्या ख़ूबियां थीं? काका, काका कैसे बने? यह सब उनकी शताधिक पुस्तकों और विशेष रूप से 'मेरा जीवन ए-वन' नामक उनकी आत्मकथा में मिल जाएगा, पर वे कहते थे- 'हम तौ भइया दर्जा चार पास हैं, इसीलिए लोकप्रिय हैं। ज्यादा पढ़-लिख जाते तो अज्ञेय जैसी कविता लिखने लगते। अच्छौ है हम नायं पढ़े।' अपनी इसी सहजता के साथ काकाजी ने पहली बार हिंदी कविसम्मेलनों को विदेशों तक पहुंचाया।

काकाजी की औपचारिक शिक्षा भले ही अधूरी रही हो, पर मैं जानता हूं कि राजनीतिक, सामाजिक और सांस्कृतिक जीवन का उन्हें गहरा ज्ञान था। भक्तिकाल, रीतिकाल का साहित्य वे बेहद चाव से पढ़ते थे। समझ में आने वाले आधुनिक साहित्य से उन्हें लगाव था। छंदों पर, ख़ासकर कुंडलिया छंद पर तो उनका पूरा अधिकार था। यह छंद मंच पर उनकी पहचान बना। इसके अलावा निराला से चली आ रही अतुकांत प्रवाह की कविता का अनुसरण करते हुए उन्होंने कथा-सूत्रबद्ध हास्य को जन्म दिया।

काका ने अगर कोई कथानक लिया, जैसे, 'बैठते ही विमान में, सन्न-सन्न होने लगी कान में' या 'जा दिन एक बरात कौ मिल्यौ निमंत्रण-पत्र' में, तो उन्होंने स्थितियों की पूरी एक सहज-बोधगम्य गाथा गढ़ी। हिंदी की हास्य-व्यंग्य कविता

में कथासूत्रबद्धता को उनके आगे आने वाले कवियों ने बख़ूबी अपनाया। स्थिति-प्रधान किसी एक विषय को आधार बनाकर लंबी-लंबी रचनाएं लिखी गईं।

संगीत लेखन और पत्रकारिता

कविसम्मेनों में आने से पहले काका ने मुनीमाई की। नौकरी छूटी तो अपने अंदर छिपी कलाओं को जीविकोपार्जन का ज़रिया बनाया। चित्रकारी जानते थे, साइनबोर्ड और पोर्ट्रेट बनाने लगे। अपने सुख के लिए शास्त्रीय संगीतकारों के चित्र बनाते थे। संगीत उनके प्राणों में बसता था। बचपन से ही बांसुरी बजाते थे। फिर संगीत-लेखक बने, 'संगीत' नामक मासिक पत्रिका निकालने लगे, जिसके वे स्वयं मुद्रक और प्रकाशक थे। कविताएं तो बचपन से लिखते ही थे, मंच पर आए सन् 1940 के क़रीब और राष्ट्रीय ख्याति मिली 1957 के दिल्ली लालकिला कविसम्मेलन से।

निर्भय माने दांव-पेच

हाथरस में ही एक और कवि हुए– निर्भय हाथरसी। निर्भयजी आए थे हाथरस की रसिया-अखाड़े वाली परंपरा से, जहां कविताओं की कुश्तियां हुआ करती थीं। सामने वाले दल को तत्काल नीचा दिखाना है। कौन सा दांव मारा जाए। धोबी-पछाड़, दर्जी-पछाड़, सुनार-पछाड़, लुहार-पछाड़, वे सारे दांव जानते थे।

निर्भयजी आशु कवि थे। अगर उनके सोच में नकारात्मकता न होती तो वे महाकवि होते। तुकें उनके बौद्धिक इशारे पर नाचती थीं। वे चमत्कारी शब्द-शोधी थे। एक ओर उनकी ट्रेनिंग रसिया की थी, दूसरी ओर वे तांत्रिक, अघोरभैरवी साधना, श्मशान-सिद्धि जैसी वाममार्गी पूजा-पद्धतियों से जुड़े रहे। उन्होंने काकाजी के बाद दाढ़ी रखी थी और भारतीय जनता की हिंदू भावनाओं को ध्यान में रखते हुए उन्होंने गेरुआ वस्त्र धारण किए।

वे मंच पर अपनी आशु-कविता के दौरान उपस्थित कवियों और कवयित्रियों की बखिया उधेड़ते हुए स्वयं कहा करते थे- 'मेरे साधु वेष को देखकर भ्रमित न होना, मैं तो उस वेष में हूं जिस वेष में रावण सीता का हरण करने गया था।'

बीसवीं सदी के उत्तरार्द्ध के सबसे बड़े कुरीतिसिद्ध कवि निर्भय हाथरसी थे और सबसे बड़े कुरीतिमुक्त कवि थे- काका हाथरसी। कुरीतिबद्ध तो अधिकांशत: सभी मंचीय कवि हैं। बहरहाल, जैसे-जैसे काका की प्रसिद्धि बढ़ी, निर्भय के अंदर का अघोरी परेशान रहने लगा। काकाजी ने सौमनस्य नहीं छोड़ा। वे कहते थे- 'भइया निर्भय सिद्ध कवि है, हम प्रसिद्ध कवि हैं।' काका दिल के कवि थे, निर्भय दिमाग के।

दोनों को प्रणाम

नि:संदेह निर्भयजी एक गुरू-कवि थे। गुरुपूर्णिमा के दिन ही उनका पर्यवसान हुआ। कवि राकेश शरद ने बताया कि उनकी अंतिम-यात्रा में उन्होंने चालीस लोग गिने थे। अगर मुझे समय पर समाचार मिला होता तो मैं निश्चित रूप से उनकी अंतिम-यात्रा में शामिल होता और इक्तालीसवां व्यक्ति बन जाता। बरसात के कारण शहर के लोग आ नहीं पाए या उनके दिल में उस आदमी के प्रति भावनाओं की बरसात नहीं हो पाई।

जो भी हो, निर्भयजी के रोचक किस्से कभी विस्तार से बताऊंगा। अभी तो बात अंतिम-यात्राओं की चल रही है।

विदाई हो तो ऐसी

अंतिम-यात्रा के मामले में काकाजी की तीनों कामनाएं पूरी हुईं और अभूतपूर्व ढंग से हुईं। मैं उस महायात्रा में सम्मिलित था जिसमें काकाजी को ऊंटगाड़ी पर लिटाया गया। पूरे हाथरस की मुख्य गलियों और बाज़ारों से यह महायात्रा निकली। हाथरस के अलावा आसपास के गांव-देहात के लगभग एक लाख लोग रहे होंगे जो गाते-बजाते काका को अंतिम विदाई दे रहे थे। महिलाएं छत से फूल बरसा रही थीं। कोई इमरती की माला पहना रहा था, कोई समोसे की, कोई कपास की। जिसका जो व्यापार था, उसने वैसी माला चढ़ाई। मेवे वाले ने मेवा बरसाई, इत्र वाले ने इत्र।

हाथरस भर के फूल ख़त्म हो गए तो लोगों ने अलीगढ़ और मथुरा से फूल मंगाए। ढोलक-मंजीरे के साथ तत्काल रसिया बनाए जा रहे थे और गाए जा रहे थे–

'सुरपुर सिधारौ हमारौ काका, सुरपुर कूं।'

कितने ही लाउडस्पीकरों पर कितने ही तरह का गायन-वादन चल रहा था। यह व्यवस्था काका परिवार ने नहीं की थी। पता नहीं कौन बैंड-बाजे ले आया, कहां से ढोलक-मंजीरे आ गए। कवियों का एक जत्था काका की कविताएं सुनाते हुए महायात्रा में शामिल था। बेहद रोमांचकारी अनुभव। सब अंतर्मन से काकामय थे। काका की ऊंटगाड़ी पर लिखा था– 'हिन्दू मुस्लिम सिख ईसाई, हर पल हंसते रहना भाई।'

श्मशान में कविसम्मेलन

जब हम श्मशान पहुंचे तो वहां माइक और बिछावन की व्यवस्था पहले से थी। श्मशान में जहां पर शव को रखा जाता है वहां कवियों के लिए मंच बना दिया

गया। उधर काका पंचतत्वों में विलीन हो रहे थे, इधर मरघट में कवि काव्यपाठ में तल्लीन थे। काका की कामना थी कि अंतिम-यात्रा में कोई रोएगा नहीं, सचमुच लोगों ने अपने आंसुओं पर नियंत्रण रखा। सिर्फ़ एक को मैंने आंसुओं से रोते देखा, वह थीं काकी।

लगाव ऊंटगाड़ी से

लोग रोएं नहीं, हंसते-गाते विदा करें, ये कामनाएं तो ठीक हैं, पर काका को ऊंटगाड़ी से प्यार क्यों था? ऊंट और ऊंटगाड़ी पर उनकी अनेक कविताएं मिलती हैं। एक यात्रा में उन्होंने मुझे बताया कि इगलास में दरजा चार पास करने के बाद मन्नी मामा ने उन्हें लखमीचंद वकील साहब के पास अंग्रेज़ी सीखने भेजा। वकील साहब भारी-भरकम और गोल-मटोल डील-डौल के स्वामी थे। उनके व्यक्तित्व के बेडौलत्व ने उनके अंदर कविता के कीटाणु सक्रिय कर दिए। चटपट एक कविता लिख डाली। लिखते ही अपने बालसखा को सुनाई। बालसखा दग़ाबाज़ निकला। काग़ज़ छीनकर वकील साहब को दे आया। पढ़ते ही वकील साहब आगबबूला हो गए। काकाजी की वह पहली कविता इस प्रकार थी–

'एक पुलिंदा बांधकर कर दी उस पर सील,
खोला तो निकले वहां लखमीचंद वकील।
लखमीचंद वकील, बदन में इतने भारी,
बैठ जायं तो पंचर हो जाती है लारी।
अगर कभी श्रीमान् ऊंटगाड़ी में जाएं,
पहिए चूं-चूं करें, ऊंट को मिर्गी आएं।'

बच्चन जी ने क्या ख़ूब रचा

रिसीवर कान से लगाते ही आवाज़ आई– 'क्या हाल हैं बेटे?' मैंने कहा– 'जी आपकी कृपा है।' अब दूसरा सवाल सुनाई दिया– 'पहचाने, मैं कौन बोल रहा हूं?' मैंने कहा– 'परीक्षा मत लीजिए, स्वयं बता दीजिए।' वे बोले– 'मैं तुम्हारा चचा बोल रहा हूं।' फिर उन्होंने अपना नाम बताया, जो दुर्भाग्य से मैंने कभी सुना नहीं था। कहने लगे– 'आजकल तुम एक टी॰वी॰ प्रोग्राम चला रहे हो। हम तुम्हारे पिता प्रगल्भजी के मित्र हैं। हमें कब बुलाओगे?'

अब पिता के मित्र को तो आदर देना ही था। मैं प्रकारांतर से उनसे पूछने लगा कि हम लोग कब मिले थे, क्या हमारी किसी प्रकार की रिश्तेदारी बनती है, क्या वे खुरजा के हैं, कब वे मेरे दिवंगत पिता के साथ रहे, और उनकी कितनी घनिष्ठता थी। वे बोले- 'रिश्तेदारी तो नहीं है पर हमने प्रगल्भजी के साथ कई मंच एक साथ पढ़े हैं। अब मैंने चतुराई से पूछा– 'मैं अपने पिता के सभी मित्रों और साथियों के बारे में सूचना-संग्रह कर रहा हूं, कृपया अपनी जन्म-तिथि बताएं?' उन्होंने सन् तिरेपन की कोई तिथि बताई।

चचा चचा चचा

मैंने उनसे मधुर किंतु दृढ़ स्वर में कहा– 'श्रीमानजी, पहली बात तो ये कि आप मुझे भाईसाहब कहकर संबोधित करिए। मेरा जन्म इक्यावन में हुआ था। दूसरी बात ये कि कविताएं भेज दीजिए, उनमें दम हुआ तो बुलाऊंगा।' वे लगभग मिमियाने लगे– 'ऐसी क्या बात कर दी भतीजे! उम्र से रिश्ते थोड़े ही बनते हैं। चलो जैसे कहोगे वैसे संबोधित करेंगे, बुलाओ तो सही।' मैंने कल्पना से उनका छविचित्र बनाया, मुझे लगा कि वे मेरी तथाकथित चची के सामने भी इसी तरह से पहली डांट के बाद ही मिमियाने लगते होंगे। याद आई मुझे बच्चन जी की एक छोटी कविता–

'चचा, चचा चचा, चचा में अब कुछ नहीं बचा
झुके हुए सलाम हैं, चची के गुलाम हैं।'

सुबह-सुबह अपनी बालकनी में बैंत की कुर्सी पर बैठे-बैठे मैं मुंडेर पर झुक आई अनाम वृक्षों की कंटीली नुकीली पत्तियां देखकर मुस्कुराने लगा। कॉर्डलैस फोन साथ की मेज़ पर रखकर मैंने पलभर को आंखें मूंदीं और बच्चन जी की एक दूसरी कविता के बारे में सोचने लगा। वह कविता चचा-भतीजा संवाद का दूसरा पहलू है।

भतीजे भतीजे भतीजे

मज़ेदार बात यह है कि कभी तो जब कोई जबरन आपका चचा बन जाता है तो उसके सामने अपनी वरिष्ठता बताए बिना रहा नहीं जाता है और कभी जब आपको चचा कहा जाता है तो आपसे सहा नहीं जाता है। चचा के एंगिल से भतीजे के बारे में उनकी कविता कुछ इस प्रकार है– **'भतीजे, भतीजे, भतीजे! / इतना तो जानो / कि हमें भी कभी / संबोधित किया गया था, 'जवानो!'/ और हमने भी यह समझा था कि हम सदा जवान रहेंगे; / कभी नहीं सोचा था / कि ऐसे भी होंगे / जो हमें चचा कहेंगे; / और हमारी ख़ुशख़्वाबी के / निकलेंगे ऐसे नतीजे- / भतीजे, भतीजे, भतीजे!'**

एकांत में मुस्कुराने का अपना निराला ही आनंद होता है। अब हल्की सी हवा भी चलने लगी थी। पत्ते हिलने लगे तो मुझे लगा जैसे मुझे मुस्काता देखकर पेड़ की हंसी छूट रही है।

जितने लोकप्रिय उतने सहज

बच्चन जी हिंदी कविसम्मेलन परंपरा के एक विराट बरगद रहे हैं। प्रायः लोग उनकी मधुशाला पर ही गद्‌गद् रहे हैं। बहुतों को नहीं मालूम कि बच्चन जी का स्वर मूलतः व्यंग्य का था। जिसमें हास्य बड़ी शिष्टता और संश्लिष्टता के साथ गुंथा रहता था। उनकी बहुत सारी कविताएं हैं जिनमें व्यंग्य के साथ हास्य अंतर्भूत है।

बच्चन जी के साथ अपनी कुछ मुलाकातों के आधार पर मैं कह सकता हूं कि वे जितने लोकप्रिय थे, उतने ही सहज थे। छोटों के प्रति तो बेहद आत्मीय। 1977 में जामिआ मिल्लिया इस्लामिया में बी॰ए॰ (ऑनर्स) हिंदी के छात्रों के लिए एक काव्य-संकलन तैयार करने की ज़िम्मेदारी मुझे प्रोफ़ेसर मुजीब रिज़वी ने दी। मैं इस संकलन में बच्चन जी की तीन कविताएं लेना चाहता था। छायावादोत्तर काल की कविता पर आधारित, मैकमिलन द्वारा प्रकाशित इस पुस्तक का नाम मैंने रखा था–'छाया के बाद'।

पूछा, शादीशुदा हो?

बच्चन जी के पास मैं उनकी कविताओं को छापने की स्वीकृति लेने पहुंचा। पुस्तक का प्रस्तावित नाम जानने के बाद उन्होंने मुझसे पूछा- 'शादीशुदा हो?' मैंने कहा- 'जी हां।' -'पत्नी का नाम क्या है?' मैंने कहा- 'बागेश्री।' फिर उन्होंने गंभीर मुद्रा बनाते हुए, अधरों को थोड़ा आगे निकालते हुए और अपनी भंवों को चश्मे के ऊपर चढ़ाते हुए पूछा- 'अच्छा... पहले... ये बताओ कि बागेश्री तुम्हारी ज़िंदगी में छाया से पहले आईं या छाया के बाद?' पलांश को तो मैं समझ नहीं पाया। समझा तो मुस्कुराया। सोचने लगा, इतना बड़ा कवि कितनी सहजता से और हास्य-बोध के साथ मिलता है।

बच्चन जी का परवर्ती साहित्य पर क्या प्रभाव पड़ा, इस पर एकेडमिक विश्लेषण भले ही पर्याप्त मात्रा में नहीं हुआ, पर वाचिक परंपरा के चाहने वाले इस बात के गवाह हैं कि उनकी लोकप्रियता का क्या रंग था और उनके कितने अनुयायी थे। कविसम्मेलन को सुगठित, संगठित, स्वीकार्य और लोकप्रिय बनाने में बच्चन जी का बहुत बड़ा योगदान है।

बच्चन जी के प्रथम दर्शन

मुझे बच्चन जी की वह छवि भुलाए नहीं भूलती, जब मैं सात-आठ साल का बालक था। 1958-59 में बुलंदशहर की नुमाइश के कविसम्मेलन में बच्चन जी को सुनने अपने कवि पिता के साथ गया था। बच्चन जी ने एक गीत सुनाया- 'महुआ के नीचे मोती झरे, महुआ के। ये राज किसी से मत कह रे, महुआ के!' अपनी उंगली को बाएं से दाएं घुमाकर और फिर दाएं से बाएं घुमाकर हज़ारों श्रोताओं को मुग्ध करते हुए गीत पढ़ रहे थे। गीत का आशय मैंने तब यह समझा कि महुआ से संबंधित एक कोई राज़ है, जो किसी को बताना नहीं है। हैरानी भी हुई कि यह कैसा राज़ है जो एक साथ हज़ारों लोगों को बताया जा रहा है और फिर बार-बार कहा जा रहा है कि किसी से मत कहना।

दूसरा साक्षात्कार

बच्चन जी से दूसरा साक्षात्कार हुआ 1965 में, हाथरस के एक कविसम्मेलन में। तब मैं चौदह साल का हो चुका था और लालकिले के कविसम्मेलन में भी कविताएं पढ़ आया था। मैंने वीररस की कविता पढ़ी। पढ़कर बैठा तो बच्चन जी ने कहा- 'अपनी कविता सुनाया करो, पिता की नहीं।' मैं बहुत आहत हुआ। मंच के पीछे जाकर रोने लगा। उस रोने में एक आश्वस्ति भी थी कि चलो अपनी कविता का स्तर इतना तो माना गया कि वह पिता की जैसी लगती है। आंसू पोंछकर मंच पर लौट आया।

बच्चन जी बहुत ही संवेदनशील थे, वे समझ गये कि बच्चे को बुरा लग गया। कविसम्मेलन ख़त्म हुआ तो आशीष देते हुए उन्होंने मेरी पीठ को बहुत प्यार से सहलाया और कंधे पर हाथ रखा। उस हाथ में बहुत ऊष्मा थी, आत्मीयता थी। इस आत्मीयता से मेरी शिकायत उसी पल ख़त्म हो गई। फिर मैं लग गया बतौर परिचारक उनकी सेवा में। उन्होंने एक मंत्र दिया- **'अच्छा पढ़ोगे तो अच्छा लिखोगे।'**

'मधुशाला' से प्रेरित 'सिगरेटशाला'

सहजता उनके व्यक्तित्व और कृतित्व में हमेशा बनी रही। इसी सहजता के बूते पर वे लोकमानस तक अपनी कविता को पहुंचा पाए। उन्होंने श्रोताओं और कवियों की पूरी पीढ़ी को प्रभावित किया। मेरे कवि-पिता स्वर्गीय राधेश्याम 'प्रगल्भ' गहरे तौर पर बच्चन जी से प्रभावित थे। उन्होंने 'मधुशाला' से प्रेरित होकर एक रचना की 'सिगरेटशाला'। मैं बहुत छोटा था, जब यह कृति मेरे पिता ने रची थी। इसमें सिगरेट के छल्लों, सिगरेट के कागज, सिगरेट के तंबाकू की तारीफ़ थी। एक दिन मैंने देखा कि पिताजी ने 'सिगरेटशाला' की सारी प्रतियों को जला दिया, जिसका कारण मुझे बाद में समझ में आया। मेरे संवेदनशील पिता को लगा होगा कि मधुशाला के बिंब, जैसे– हाला, प्याला, साकी तो अपने स्थूल अर्थों के अलावा दूसरे व्यापक अर्थ भी रखते हैं, पर सिगरेटशाला के बिंबों का कोई दूसरा अर्थ नहीं है। उन्हें लगा होगा कि क्यों वे स्वास्थ्यनाशक सिगरेट के पक्ष में खड़े दिखें और किताबें फूंक दीं।

अकवितावादियों पर व्यंग्य

बच्चन जी ने 1965 में हाथरस के कविसम्मेलन में एक कविता सुनाई थी, जो मुझे सुनते ही याद हो गई और आज तक याद है। कविता थोड़ी लंबी है पर इतनी सरल कि किसी को भी याद हो जाए– 'एक थे ईर, एक थे बीर, एक थे फत्ते और एक थे हम...'। मैंने इस कविता का विश्लेषण अपने लिए कुछ इस तरह से किया था कि ईर यानी प्यार की पीर के कवि, बीर यानी वीररस के कवि और फत्ते यानी हास्य की लोकप्रिय धारा के कवि। कविता में जो चौथा चरित्र 'हम' है, उसने लिखी अकविता। सभी ने अपनी कविताएं प्रकाशित कराईं। जब कविताओं पर पुरस्कार मिलने की बारी आई तो बच्चन जी कविता के अंत में कहते हैं- **'ईर को मिला ईर इनाम, बीर को मिला बीर इनाम, फत्ते को मिले तीन इनाम, पर हमको मिली बदनामी, पर दुश्मनों की दुआ, कि सबसे ज़्यादा नाम हमारा ही हुआ!'** यह कविता अकवितावादियों पर अच्छा व्यंग्य है।

एक रहिन ईर एक रहिन बीर

लगभग दस-बारह साल पहले मैनचेस्टर, इंग्लैंड में बच्चन चेयर स्थापित की जानी थी। उस अवसर पर दो कविसम्मेलन आयोजित किए गए, पहला मैनचेस्टर में और दूसरा लंदन में। लंदन वाले कविसम्मेलन में अमिताभ जी भी मौजूद थे। अपने काव्यपाठ से पहले मैंने ईर-बीर वाली कविता पूरी की पूरी सुना दी। लंदन के श्रोताओं को पसंद आई। कुछ महीने बाद मैंने देखा कि अमित जी 'एक रहिन ईर, एक रहिन बीर...' गीत अपनी आवाज़ में गा रहे हैं। गीत बहुत पॉपुलर हुआ। मैं ख़ुशफ़हमी पाल सकता हूं कि मैं कविता के गीतांतरण में शायद एक प्रेरक तत्व बना। अमित जी से कह सकता हूं-

भाई साब, भाई साब, भाई साब!
ख्याति कमाई बेहिसाब।
लाजवाब थे गीतकार चचा।
जिन्होंने गीत के साथ आपको भी रचा।

भवानी दादा बोले–मज़ा आ गया

बात पुरानी है, पर विस्मृति के गर्त में नहीं गई, याद है। मौसम बरसात का नहीं था, पर लग रहा था जैसे होने को है। वो रात का वक्त नहीं था, फिर भी अंधेरा था। दरअसल, रात जा चुकी थी, पर दिन उग नहीं पा रहा था। रात जा रही थी क्योंकि रामपुर में उसने सारे के सारे कवियों की कविताएं सुन लीं। हज़ारों श्रोताओं के साथ वो भी पंडाल छोड़कर चलने लगी। हम कवि लोग भी दिन के आने से पहले रामपुर छोड़ देना चाहते थे। मंच के कविगण अक्सर कहते हैं कि उस शहर का सूरज मत देखो जहां पूर्वरात्रि में कविताएं सुनाई हों। रात में स्वागत जितना सम्मानपूर्ण होगा, दिन के उजाले में विदाई उतनी सम्मानजनक न हो पाएगी। तब दुख होगा।

संचालक बार-बार श्रोताओं को ये कहकर छलते हैं–'कार्यक्रम भोर की किरन तक चलेगा।' कभी-कभी चल भी जाता है, लेकिन मेरा अपना अनुभव है कि हिन्दी के हृदय-क्षेत्रों के कविसम्मेलन प्राय: भोर की किरन से ज़रा सा पहले समाप्त हो जाते हैं। रामपुर में लिफ़ाफ़ा कांड के बाद हम लोग अपनी सफ़ेद रंग की उस एम्बैसेडर टैक्सी में बैठ गए, जिसे पंडित गोपालप्रसाद व्यास दिल्ली से लाए थे। अगली सीट पर ड्राइवर के साथ बैठे थे– श्रीयुत् भवानीप्रसाद मिश्र। साथ में उनके, कवि हरिओम बेचैन। पीछे पंडित गोपालप्रसाद व्यास, एक कवयित्री, एक कोई और कवि और एक अदद मैं। उन दिनों मैं पतला-दुबला हुआ करता था। कविसम्मेलन का पैसा अंग नहीं लगा था। पीछे की सीट पर चार लोग आसानी से आ गए। मैं भवानी दादा के ठीक पीछे बैठा था। एक कोने में।

बेमौसम की बरसात

गाड़ी रामपुर शहर छोड़कर हाईवे पर आ गई। अचानक हुई बेमौसम की बरसात से धरती खुश थी। मिट्टी की सौंधी महक, भवानी दादा के सिर में लगे तेल

में घुलकर मेरे नथुनों में प्रवेश रही थी। भवानी दादा अपने अंदाज़ में लगातार बोल रहे थे। कविसम्मेलन की अध्यक्षता के आंतरिक खुमार के साथ बाहर की फुहार उन्हें भी आनंदित कर रही थी।

वे जब बोलते थे तो लगता था कविता सुना रहे हैं और जब कविता सुनाते थे तो लगता था कि बातचीत कर रहे हैं। अपनी ऐसी अनगढ़ता पर उन्होंने लिखा भी है– **'बिना सोचे लिखा / लिखकर सोच में प्रायः पड़ा हूं / गढ़ रहे हैं जिसे स्नेही हाथ / मैं कवि / इस तरह के चाक पर / बनता हुआ कोई घड़ा हूं।'** वे मिट्टी, धरती, आकाश, वृक्ष, ज़िंदगी, हवा, हंसी, और हिलोर जैसे मुद्दों पर अपनी अनगढ़ शैली में कुछ बोल रहे थे। मिट्टी के सौंधेपन में अपना कबीराया हुआ औंधापन घोल रहे थे।

ड्राइवर को जगाते भवानी दादा

ड्राइवर कविता-प्रेमी था। रातभर उसने कविताएं सुनी थीं। इस समय नहीं सुन रहा था। बीच-बीच में मैंने महसूस किया कि बाहर से आती हवा उसके लिए लोरी बन जाती थी और जब उसे नींद का झोंका आता था तो कार अनावश्यक लहरा जाती थी। भवानी दादा ने थोड़े कसैले लेकिन जागरूक स्वर में ड्राइवर से कहा– 'प्रभाती बहुत गाई हैं मैंने। बहुत प्रभातफेरियां निकाली हैं। तुम भी कुछ जगे-जगे चलो, आगे कोई गांव मिलेगा, ठांव मिलेगा, चाय मिलेगी, चाह मिलेगी, सारथी जगे-जगे से चलो। जगे-जगे राजा, जगे-जगे।' ड्राइवर चैतन्य हुआ, पर उसने रफ़्तार बढ़ा दी।

अभी कुछ देर पहले ही भवानी दादा जब मंच पर थे, तब भी तो इसी अंदाज़ में 'गीतफरोश' कविता सुना रहे थे। एक फेरी वाले की तरह गीत बेच रहे थे। दूसरी कविता सुनाई थी- 'घर की याद'। उसमें जब भाइयों का ज़िक्र आया तो वे सममुच रो पड़े थे और फिर अगले ही पल हंस भी दिए थे।

गीत बेचने वाला गीतफरोश

मैंने देखा कि अगली सीट पर भवानी दादा हंस रहे हैं और बाहर उजाला बढ़ने लगा है। पहले जब रोए थे, तो, शायद उसी कारण अनाहूत बरसात आई थी। मुझे भवानी दादा बहुत अच्छे लग रहे थे। गीत बेचने वाला गीतफरोश– **'जी हां हुज़ूर मैं गीत बेचता हूं / मैं तरह-तरह के गीत बेचता हूं / मैं किसिम किसिम के गीत बेचता हूं।'** गीतफरोश के पीछे बैठा हुआ मैं सोच रहा था कि अगर ये फेरीवाला गीतों का गट्ठर मेरे कंधों पर रख दे तो मुझे कोई एतराज़ नहीं होगा। एक सहयोगी रहेगा तो गीत अच्छे बिकेंगे। ड्राइवर ने कार की रफ़्तार और तेज़ कर दी। भवानी दादा कुछ ऐसा बोल रहे थे– 'मेरा मन एक ऐसा प्रभात है, जहां

न दिन है न रात है। कम से कम इस पल, मैं दिन और रात से परे हूं। विचित्र सी कोई सुगंध सांस में भरे हूं। अरे अरे सामने देखो भाई! वो देखो यम की सवारी आई।'

यम की सवारी

सामने से एक बुग्गी आ रही थी, जुता हुआ था काला भैंसा। हम सड़क के नियमानुसार बाईं ओर चल रहे थे, पर यम की सवारी पर कोई नियम कैसे लागू होता। बुग्गी सड़क पर अपने दाईं ओर थी। अगर ड्राइवर तत्काल जाग न गया होता और उसने कसकर ब्रेक न मारे होते तो आमने-सामने की भिड़ंत निश्चित थी। गाड़ी स्किप कर गई। हल्की बरसात के कारण सड़क पर जमी धूल कीचड़ में तब्दील हो गई थी और कार के टायरों के लिए फिसलपट्टी बन चुकी थी। कार घूमकर तेज़ी से दाईं ओर मुड़ी, लगा कि सामने वाले ट्रक में टकराएगी पर ट्रक निकल गया। अब लगा कि घूमकर खाई में जाएगी, लेकिन खाई में जाने से पहले फिर घूम गई, बाईं ओर के दोनों टायरों पर तिरछी खड़ी-खड़ी पुनः भैंसे और बुग्गी की ओर घूमी, लगा कि पलट जाएगी या टकराएगी, पर न पलटी न टकराई। यमराज के भैंसे के नथुनों से निकली चारे की जुगाली की हवा ज़रूर कार में अंदर तक आ गई पर स्पर्श-दुख नहीं मिला।

कार के दाईं ओर के दोनों टायर नीचे आ गए, रफ़्तार नीचे नहीं आई। काली माई की तरह कार ने फिर से पलटा खाया। फिर से भंवर की तरह वर्तुल चक्र काटती हुई घूमी। फिर से लगा कि खाई में गई, लेकिन वह तो अचानक उस ओर मुंह करके सीधी खड़ी हो गई जिस तरफ़ दिल्ली थी। हम ट्रक से नहीं टकराए, खाई में नहीं गिरे, यमराज का भैंसा जीवन का आशीर्वाद देकर चला गया। टायरों की रिमों में घास ज़रूर भर गई पर किनारे के पेड़ों ने हमारा कुछ नहीं बिगाड़ा। मृत्यु से मुलाकात का यह लगभग चालीस से पचास सैकिंड का कालखंड रहा होगा। इधर-उधर लुढ़कने के कारण छोटी-मोटी चोट आई होंगी, यहां-वहां अल्पकालिक नील पड़ गए होंगे। मुझे याद है मेरा अंगूठा कई महीने तक दुखता रहा था पर कुछ भी तो नहीं हुआ। गाड़ी जब रुक गई तो एक दहशत भरा सन्नाटा पसर गया। डर दहक रहा था, बाहर की रिमझिम से धड़कनों की धोंकनी रुक नहीं रही थी।

मजा आ गया

सब कुछ इतना त्वरित हुआ कि याद नहीं कार में कौन चीखा, कौन शांत रहा, पर रुकने के बाद काफ़ी देर तक सन्नाटा रहा। पहली आवाज़ भवानी दादा की आई– 'मज़ा आ गया!' फिर जी, पता नहीं कौन पहले हंसा, पर थोड़ी देर में

सब हंसने लगे। भवानी दादा की हंसी, जैसे अपनी कविता सुना रही हो, 'सन्नाटा' कविता– **'तुम डरो नहीं / वैसे डर कहां नहीं है / कुछ ख़ास बात पर डर की यहां नहीं है।'** मैं सोच रहा था कि अगर हम सब मर जाते तो भवानीदादा और पं. गोपाल प्रसाद व्यास का नाम तो ऊपर छपता ही छपता, मेरा भी छप जाता– 'इनके साथ एक युवा कवि अशोक चक्रधर भी नहीं रहा।' हंसीजन्य इस सोच से मुझे भी मज़ा आ गया। कार में बैठे हम छः लोगों की हंसी जैसे-तैसे थमी। भवानी दादा ड्राइवर से बोले– 'सूरज के सातवे घोड़े! अब हिलेगा भी या नहीं। चल चल रे, समय के सारथी!' व्यास जी बोले– 'दिल्ली दूर है।'

अपने अंदर डुबकी नहीं लगाते

'छाया के बाद' पुस्तक के सिलसिले में सन् अठहत्तर में पहली बार मैं उनसे मिलने गया था। वे बनियान पहने बैठे थे। एक बात उन्होंने कही– 'देखो राजा! हम सारे ब्राह्मांड को छानते रहते हैं पर अपने अंदर डुबकी नहीं लगाते, अंदर तो डुबकी लगाओ।' मुझे याद है कि उस समय मैं उनसे सहमत नहीं था। बाहर निकला, वहां से मेन रोड पर आ गया और सोचता रहा– ब्रह्मांड को क्यों नहीं छानें? हमारा सैल्फ़ क्या है, कुछ भी तो नहीं! हम क्या हैं अपने अंदर, क्या फ़र्क पड़ता है इससे? सवाल तो इस बाहर की सोसायटी को चेंज करने का है। हम इसको बदलें। हर कलाकार के अंदर यही जद्दोजहद रहती है कि उसे बाहर की दुनिया को बदलना है। माना कि जो हम बाहर देखते हैं पहले उसी को अपने अंदर ले जाते हैं। अपने अनुभवों में उसे खंगालते हैं, घोलते हैं, तोलते हैं फिर मुंह खोलते हैं। फिर सैल्फ़ का मतलब क्या है? नहीं, नहीं, नहीं, मतलब है। आज मैं स्वयं से कहता हूं, मतलब है। भविष्य के सफ़र में पिछली सीट पर आराम से अकेले बैठे भवानी दादा मुझे सुनकर खुश हो रहे हैं। मैं गाड़ी चलाते-चलाते उन्हें सुना रहा हूं–

हाय रे! हम चाहते हैं छान डालें,
बाहर का पूरा ब्रह्मांड।
पर नहीं देखते स्वयं को भीतर से,
अंतर्मन का कचरा नहीं छानते,
वहां हो रहे हैं कैसे-कैसे कांड!
वहां निर्मल जल नहीं, अमंगल-दलदल है,
खेत का और समस्या का हल नहीं
बल और चंबल की हलचल है।
नहीं दिखते अंदर के बागी और दागी।
अंदर के दानवों को देखना नहीं चाहते,
क्योंकि वो तो अंदर की बात है!

हाय-हाय, उपेक्षा झेलते हैं
अंदर के सत्पुरुष और विद्वान प्रकांड!
और हम चाहते हैं छान डालें,
बाहर का पूरा ब्रह्मांड।

आओ राजा, अपने अंदर की सारी नालियां,
अंतर्व्यवस्था की प्रणालियां,
टैक्स की, सैक्स की, फाइनैंस की, गवर्नैंस की,
अधिकार की, कर्तव्य की, जीवन के सत्य की,
सब की सब दुरुस्त करें।
अंदर के सिस्टम को चुस्त करें।
साफ करें उसको जो कूड़ा है, कचरा है, सस्ता है।
क्योंकि हम सबके अंदर हमारा देश बसता है।
हाय रे! हम चाहते हैं छान डालें,
बाहर का पूरा ब्रह्मांड।

सन् बयासी की उड़ान बया-सी

वर्ष बयासी जा रहा था। तिरासी आने वाला था। इस आवागमन उत्सव को तिनसुकिया के श्रोता एक कविसम्मेलन के रूप में सम्पन्न करना चाहते थे। शैल चतुर्वेदी जी का सुंदर हस्तलेख में पत्र मिला– आ जाओ, आसाम में नया साल मनाएंगे। पैसा भी पर्याप्त दिलाएंगे। मन हुआ कि यहां से बया-सी उड़ान भरें और तिरासी का पहला कार्यक्रम लिफ़ाफ़े की इजाफ़ीय भव्यता से करें। पहुंचे स्टेशन और लग गए आरक्षण की लाइन में। फार्म भर दिया– तिनसुकिया-मेल, यात्रा की तिथि– उनत्तीस दिसंबर, आयु- 31वर्ष, लिंग- पु०। यही सब डॉ० उर्मिलेश के लिए भी भर दिया। इकत्तीस की शाम तक पहुंचना था। उन्तीस और तीस की दो रातें लगेंगी और एक पूरा दिन। आश्वस्त थे कि सुखपूर्वक पहुंच जाएंगे तिनसुकिया। डॉ० उर्मिलेश मुझे टूण्डला में मिलने वाले थे। भले ही यात्रा लंबी थी, पर सोचा कि याड़ी साथ रहेगा तो सफ़र अच्छा कटेगा।

मेहरबानी दूरदर्शन की

दो दिन के लिए सब्जी-पूड़ी, पचरंगा अचार। रेलवे का टाइम-टेबिल, नई पुस्तक की पांडुलिपि, लेखन-सामग्री, पत्र-पत्रिकाएं और मिल्टन की पानी की बोतल एक थैले में। नई वी आई पी की अटैची में कपड़े। फोम के गद्दे वाला होल्डोल, जिसके एक साइड में रुई का तकिया और दूसरी साइड में अम्बाला का कंबल। तिनसुकिया-मेल की थ्री टायर बोगी में कुली जी ने सामान मुहब्बत के साथ लगा दिया। मेहरबानी दूरदर्शन की कि सहयात्री पहचान गए। गाड़ी चल दी। छः के केबिन में हम पांच लोग बैठे थे। एक सहयात्री बोला– 'एक कोई सवारी आई नहीं। मामाजी को यहीं सैट कर लेंगे।' मैंने कहा– 'मामाजी को ज़रूर सैट कर लेंगे, लेकिन सवारी टूण्डला पर आ जाएगी।' दूसरा सहयात्री बोला– 'टूण्डला तक तो मामाजी को बिठा लो। दूसरी बोगी की लैट्रीन में खड़े हैं।' दोनों सहयात्री

मामाजी को लेने चले गए। मैंने मौके का फ़ायदा उठाया और अपनी बर्थ पर फोम वाला होल्डोल खोल दिया। ऊपर एक झकाझक नई चादर बिछाई और करीने से चारों ओर से दबा दी। तकिए के नीचे राइटिंग पैड रखा और बर्थ पर पत्र-पत्रिकाएं बिखरा दीं। खाने वाला थैला खुंटी पर टांगा। अटैची के हैंडिल में जंजीर डालकर ताला लगा दिया।

कविता प्रेमी मामाजी

मामाजी भयंकर कविता-प्रेमी जीव निकले। स्थान बनाने के चक्कर में उन्होंने अपनी प्रतिभा दिखाई। काकाजी के चार-पांच कवित्त ऊंची आवाज़ में सुनाए तो अगल-बगल की बर्थों के भी कान खड़े हो गए। अपनी बर्थ मंच बन चुकी थी और टूण्डला तक कविता के कई राउंड हो लिए थे। टूण्डला आने को हुआ तो मैं दरवाज़े पर आ गया। उर्मिलेश ने देखते ही हाथ हिलाया– 'यहां हूं भाई साहब!' उनके पास भी लगभग उतना ही और लगभग वैसा ही सामान था जितना और जैसा मेरे पास। मैंने और उर्मिलेश ने एक साथ एम. ए. किया था, सन् बहत्तर में। मैं चूंकि उनसे कुछ महीने बड़ा हूं इसलिए मुझे मलाल है कि वो मुझे भाईसाहब कहते हैं। अंदर आए तो मेरा बिछा बिस्तर देखकर उर्मिलेश में प्रेरणा और ईर्ष्या का मिश्रण हुआ होगा। अपनी झकाझक बैडशीट दिखाने की उतावली रही होगी। उन्होंने मामाजी से कहा–'भाई साहब ज़रा उठिए। हम भी होल्डोल खोल लें।' सब ने मदद की। टूण्डला के बाद कविताओं का दौर नहीं चला, चूंकि भोजनकांड होना था। बीच में एक के ऊपर एक अटैचियां रखी गईं, उन पर अख़बार। अख़बारों पर दिव्य भोजन। मामाजी के पास आटे के लड्डू थे। वे बेचारे अख़बार समेटकर बाहर फेंकने गए तो उर्मिलेश ने सोचा कि अपनी बर्थ पर गए, लेकिन वे तो आ गए। बर्थ छः, सवारी सात, कोई बात नहीं! मामाजी ने बीच के स्थान पर चादर बिछा ली। सुख की नींद आई।

तीस तारीख़ की सुबह दुखभरा संदेशा लाई। मामाजी ने बताया कि ये रेलगाड़ी आपको पहली तारीख की सुबह तक ही तिनसुखिया पहुंचा पाएगी। हम दोनों ने उनसे बहस की– 'माना कि भारत एक विशाल देश है, पर ये कैसे हो सकता है कि केन्द्र से किसी छोर तक पहुंचने में तीन रातें लगें!' लेकिन मामाजी सही थे। यानी हम जिस कार्यक्रम के लिए जा रहे थे वहां समय से पहुंच ही नहीं सकते थे। पता नहीं गाड़ी तब तक कहां पहुंच चुकी थी। उर्मिलेश बोले– 'अगला कोई बड़ा स्टेशन आता है तो उतर लेते हैं भाई साहब! साल की शुरूआत ख़राब हो रही है।' मैंने कहा– 'डॉक्टर! अब निकल ही पड़े हैं तो लौटने की क्या जल्दी? हमारे पास पहुंचने के लिए अभी छत्तीस घंटे से ज़्यादा हैं।' अचानक मामाजी ने राह दिखाई। बोले– 'ऐसा करिए, जलपाईगुड़ी उतर जाइए। वहां से जाइए सिलीगुड़ी

बागडोगरा हवाई अड्डा। और हवाई जहाज से गोहाटी होते हुए डिब्रूगढ़। डिब्रूगढ़ से तिनसुकिया होगा पचास-साठ किलोमीटर। आप लोग शाम से पहले तिनसुकिया।'

सवाल दो हवाई टिकटों का

रेलवे का टाइम-टेबिल तो हर कवि के पास रहता था, पर मेरे पास इंडियन एयर लाइन्स का शैड्यूल भी रहता था। मैंने उर्मिलेश का ज्ञानवर्धन किया– 'ये शैड्यूल हर महीने बदलता है। मेरे पास पिछले महीने का है। चलो अच्छा है नया बागडोगरा में मिल जाएगा।' मैं उन दिनों उर्मिलेश की तुलना में ज़्यादा हवाई यात्राएं करता था। उर्मिलेश की कविताओं का रौब मेरे शैड्यूल के सामने ठंडा पड़ गया। वे बोले– 'हवाई-यात्रा लायक पैसे हैं?' अब अपना रौब भी शीतलता को प्राप्त हो गया। मैंने कहा– 'डॉक्टर! पिछले साल मैं सिलीगुड़ी गया था, वहां मारवाड़ी समाज के अनेक मित्र हैं। सुबह कटोरा लेकर निकलेंगे तो हवाई किराए लायक बटोरा कर ही लेंगे। उन्होंने पूछा– 'किसी का नाम-पता याद है?'

एक चेहरा बार-बार

मेरी स्मृति में एक चेहरा बार बार साकार हो रहा था पर नाम याद नहीं आ रहा था। मैं उर्मिलेश से बोला– 'एक हैं अल्हड़ जी के परममित्र। मेरे भी चाहक हैं। अक्सर आयोजन कराते हैं। सिलीगुड़ी पहुंचेंगे तो उनका नाम भी पता चल जाएगा। उर्मिलेश उधेड़बुन में थे। उन्हें भरोसा-सा नहीं हो रहा था कि हम पहुंच सकते हैं। निष्कर्षतः, मेरे हठ के आगे आत्मसमर्पण करते हुए बोले- 'चलिए चलते हैं सिलीगुड़ी तक। और कुछ नहीं तो वहां कामाख्या देवी के दर्शन करके ही लौट आएंगे।' मैं उछल पड़ा– 'कमाल है डॉक्टर! देवी नहीं देवता !! उनका नाम है कामाख्या गोयल !!!'

कामाख्या देवी के दर्शन को कौन जाता। सुबह-सुबह पहुंच गए कामाख्या जी के घर। वे हमें देखते ही खिल उठे। जब पैसे की बात आई तो बोले– 'इन दिनों हाथ तंग है, पर इन धनकुबेरों की दोस्ती कब काम में आएगी, बंदोबस्त हो जाएगा।' वे डॉ॰ उर्मिलेश से पहली बार मिले थे, लेकिन कादम्बिनी में उनकी एक ग़ज़ल न केवल पढ़ चुके थे बल्कि अपनी सांस्कृतिक मंडली से उसका गायन भी करा चुके थे।

अब एक बार फिर डॉ॰ उर्मिलेश के कॉलर ऊंचा करने की बारी थी। कामाख्या जी ने ग़ज़ल का एक शेर भी सुना दिया– 'बिखरी उदास शाम को रंगों में बांध लें, आओ कि ज़िंदगी को उमंगों में बांध लें।' प्रशंसा होने लगे तो कवि सब कुछ भूल जाता है। कामाख्या जी बोले– 'अभी उस लड़के को बुलाता हूं जिसने ग़ज़ल गाई थी।' मैंने कहा–'पैसे का जुगाड़ कराओ गुरू, फ्लाइट पकड़नी है। फ्लाइट नहीं मिली तो उमंगों में रंग नहीं भर पाएंगे।'

फिर एक नई मुसीबत

हवाई किराए के अतिरिक्त हजार पांच सौ रुपए और मिल गए, लेकिन बागडोगरा हवाई अड्डे पर पता चला कि उस दिन फ्लाइट केवल गोहाटी तक है। डिब्रूगढ़ तक नहीं जाएगी।

गोहाटी पहुंच जाएगी बारह बजे तक। वहां से तिनसुकिया है बाई रोड़ सात सौ किलोमीटर। एक बार फिर उर्मिलेश ने कहा– 'देवी के दर्शन करके लौट चलते हैं भाई साहब!' पर मैं कहां मानने वाला था।

बारह बजे हम गोहाटी में टैक्सी वालों से मोलतोल कर रहे थे। इतनी लंबी यात्रा के लिए टैक्सी वाले झिझक रहे थे। शायद हमारे ही हित में। आतंकवाद अपने यौवन पर था और हमारे उत्तर भारतीय चेहरे हमारी जान के लिए संकट बन सकते थे। एक श्यामवर्णी ठिगना लेकिन हृष्टपुष्ट असमी ड्राइवर हमें ले जाने को तैयार हुआ। वह केवल उतनी हिंदी समझता था जितनी अपनी सुविधा के लिए समझना चाहता था। हम कहें तेज़ चलाओ तो धीमा कर देता था। बीच के ऊबड़खाबड़ रास्तों पर तेज़ चलाता था। जब कहें कि जल्दी पहुंचना है तो किसी भी चाय के ढाबे पर रोक देता था। थोड़ी देर तो हम तनाव में रहे फिर चिंता छोड़ दी। हम दोनों रास्ते के दोनों ओर की प्राकृतिक छटा का आनंद लेने लगे।

कच्ची सुपारियां खाईं

दूर-दूर तक हरियाली और बांसों से बने हुए सुरम्य मकान। आयत और वर्गों में बंटी हुई सफेद दीवारें। किसी अगले पड़ाव पर जब ड्राइवर चाय पीने के लिए रुका तो हमने सुपारी के वृक्ष के नीचे से कच्ची सुपारियां बीनीं और खाईं भी। सुपारी ने सर्पदंश जैसा असर दिखाया। हम दोनों से सर घूमने लगे। ख़ूब तेज़ पसीना आया। पता नहीं कितना पानी पी गए, तब राहत मिली।

डिब्रूगढ़ पहुंचते-पहुंचते रात घिर आई। बयासी जा रहा था तिरासी आने वाला हो गया। पर तिनसुकिया दूर था। कहीं बीच मार्ग में इस बार हमने ड्राइवर से गाड़ी रोकने को कहा। उतरकर नए साल की शुभकामनाएं दीं, गले मिले। मैंने कहा– 'डॉक्टर! माना कि अभी हम तिनसुकिया से दो घंटे दूर हैं पर आशा की एक किरण अभी भी है। डिक्की से अटैचियां निकालो, तीसरा दिन है, कपड़े तो बदल लेते हैं।'

नीले आकाश के नीचे

तो साहब, वहां बीच सड़क पर, नीले आकाश के नीचे, सांय-सांय सन्नाटे में, बांसों के झुरमुट और टी वी टी टुट टुट के बीच, चाय बागान की सौंधी महक लेते हुए, हमने मंच वाले दिव्य कपड़े निकाले। मिल्टन की बोतल के पानी से

मुंह धोया। लैक्टोकैलेमाइन की थोड़ी-थोड़ी क्रीम चेहरे पर लगाई। तीन दिन के उलझे बालों से कंघे का संघर्ष कराया। उर्मिलेश ने कपड़ों पर सैंट छिड़का जो आसाम की उस शस्य श्यामला सड़क पर दूर-दूर तक फैल गया। ड्राइवर हमें बड़े कौतुक से निहार रहा था। मैंने उससे ब्रजभाषा में कहा– 'दायरी के! अब तौ खैंच लै।' वो हिन्दी तो नहीं समझा पर ब्रजभाषा समझ गया। उर्मिलेश की सैंट की महक की गति से भी तेज़ उसने गाड़ी दौड़ाई। ध्वनि की गति से भी तेज़। शायद प्रकाश की गति से भी तेज़। दो बजे से पहले हम तिनसुकिया लग चुके थे। सीधे पहुंचे सभागार। अंतिम कवि के रूप में श्री बालकवि बैरागी काव्यपाठ कर रहे थे।

और मेरे प्रिय पाठको, कृपया देखो उस ठाठ को। जो उस समय था हमारा। वैसा भव्य स्वागत अब तक न तो हमारा हुआ था और उम्मीद है कि आगे भी नहीं होगा। हमें पुष्पहारों से लाद दिया गया। हमारे सम्मान में अनवरत, समयनिरपेक्ष और अनहदनाद के समान तालियां बजीं। इसलिए नहीं कि हम अच्छे कवि थे, इसलिए भी नहीं हम कविता सुनाकर पैसा कमाने आए थे, इसलिए भी नहीं कि हमारे बिना कविसम्मेलन पूर्ण न होता, बल्कि इसलिए कि हम पूरा आसाम आतंकवाद की पगडंडियों को पार करके आए थे। स्वागत सम्पन्न होने के बाद बैरागी जी ने हमें समय दिया कि हम लोग एक-एक कप चाय पी लें। तब तक वे एक कविता और सुना देंगे।

दूर हो गई सारी थकान

अचानक शरदजी उठकर नेपथ्य में आ गए। उन्होंने सुनाया एक लतीफ़ा, जो क्षमा करिएगा मैं आपको अभी नहीं बता सकता। उसका विषय था–'एक चूहे ने हथिनी को जाल से मुक्त किया।' हमारी मुक्त हंसी से सफ़र की सारी थकान दूर हो गई। कविता हम कोई भी सुनाते वो तो जमनी ही थी।

पिछले दिनों उर्मिलेश मिले। उन्होंने उस रोमांचक यात्रा का स्मरण दिलाया तो मैंने उन्हें अपना एक मुक्तक सुनाया–

जो मेहनत करी, तेरा पेशा रहेगा,
न रेशम सही तेरा रेशा रहेगा।
अभी कर ले पूरे, सभी काम अपने,
तू क्या सोचता है, हमेशा रहेगा!

मुझे क्या पता था कि उर्मिलेश नहीं रहेंगे। हल्का सा भी आभास होता तो ये मुक्तक नहीं सुनाता। हरगिज़ नहीं सुनाता।

चलता है पर इतना नहीं चलता

गालों में सुरती भरा पान। सामने रखा चमकता हुआ उगालदान। धवल वस्त्रों में राजसी मुद्रा लिए लालूजी रेल भवन में कविताएं सुन रहे थे। सभागार खचाखच भरा था। मौका था, 15 सितंबर, 2004 को रेल भवन में हिन्दी पखवाड़े के दौरान आयोजित देश के पहले ई-कविसम्मेलन का। ई बोले तो- इलैक्ट्रॉनिक कविसम्मेलन। इलैक्ट्रॉनिक कविसम्मेलन बोले तो- कम्प्यूटर मल्टीमीडिया और प्रोजैक्टर के सहयोग से, संचालन और काव्य-पाठ के दौरान, अनुकूल छवियां दिखाते हुए, कुल कविता-प्रस्तुति को सुपर धांसू बनाना।

रेल भवन के हिन्दी अनुभाग के शिष्ट-संकोची अधिकारियों को भरोसा नहीं था कि रेलमंत्री जी इस कार्यक्रम में आएंगे। उन्हें क्या पता था कि लालू जी कविता के विकट प्रेमी हैं। मैंने उनसे कहा कि यदि उन्हें सिर्फ़ पता चलेगा तो वे अपने सवा सौ काम छोड़कर आएंगे। मैंने अपने ई-कविसम्मेलन की सम्पूर्ण चाक्षुष योजना और कवि-कविता दृश्यावलियां यह सोचकर बनाईं कि लालूजी आएंगे। वे आए और पूरे तीन घंटे उस ई-कविसम्मेलन में बैठे रहे।

बिहार में विहार

मैंने शुरूआत एक ऐसी स्लाइड से की, जिसमें एक रेलगाड़ी थी, जिस पर बांग्ला में कुछ लिखा हुआ था। मैंने बोलना प्रारंभ किया- 'बंगाल जाने वाली रेल मैंने आपको इसलिए दिखाई क्योंकि ये बिहार होकर जाती और आती है। लालू जी बिहार के हैं, उनका विशेष मोह बिहार के साथ है। इसी गाडी़ में बिठाकर मैं आपको कवियों के साथ विहार कराऊंगा।'

फिर फोटोशॉप, कोरल-ड्रॉ और पावरपॉइंट जैसे सॉफ़्टवेयरों का इस्तेमाल करते हुए स्लाइड्स दिखाता गया। अगला क्लिक करते ही स्क्रीन पर उस रेलगाड़ी के डिब्बे की एक-एक खिड़की पर एक-एक कवि दिखाई दिया। मैं खिड़की में बैठे जिस कवि के पास कम्प्यूटर का कर्सर ले जाता था, उसे बुला लेता था। कवि थे- सर्वश्री/श्रीमती अल्हड़ बीकानेरी, सुरेन्द्र शर्मा, आलोक पुराणिक, अंजुम

रहबर, गुरू सक्सेना, कैलाश सेंगर, पवन दीक्षित, मधुमोहिनी उपाध्याय, अशोक स्वतंत्र और साहित्य कुमार चंचल।

कमेंट्री की चाशनी

रेल और कविता से जुड़े हुए गुंफित दृश्यों की तली जलेबियों में मेरी कौमेंट्री की चाशनी के मिलने से ई-कविसम्मेलन अपने मंच-मिठास के प्रेम-मार्ग पर चल पड़ा। लालूजी के राज में प्लेटफार्म किस तरह रैन-बसेरे बने हुए हैं। कुछ यात्री नर्म, कुछ ख़ामख़ां तने हुए हैं। कोई जाग रहा है, कोई सो रहा है। हे भगवान! प्लेटफार्म पर ये क्या हो रहा है! अगले कम्प्यूटरजनित चित्र में लालूजी मेरे कंधे पर हाथ रखे हुए प्लेटफार्म का निरीक्षण कर रहे हैं। मुझसे कहते हैं–'इन यात्रियों की सुविधा के लिए मैं कल से ही लालू एक्सप्रैस चालू करूंगा, जिसका उद्घाटन असोक जी आपको ही करना है।' अब स्क्रीन पर आती है– 'लालू एक्सप्रैस'। जिसके इंजन के दोनों ओर केले के तने बंधे हुए हैं, गेंदे की मालाएं देसी इस्टाइल में लटक रही हैं। लालूजी बताते हैं– 'ई सारा ढैकोरेसन आपका भाभी राबड़ी ने किया है।' सभागार प्रसन्न। लालू प्रसन्न, तो बजने वाली तालियां भी प्रसन्न। अधिकारी गौर से लालू जी को देख रहे हैं। कहीं रेलमंत्री जी बुरा तो नहीं मान रहे! लेकिन उनका हंसी से दिपदिपाता चेहरा देखकर आश्वस्त हो जाते हैं। सबके चेहरे दिपदिपाने लगते हैं।

हर कवि का परिचय नई-नई स्लाइड्स के साथ अलग अंदाज़ में दिया जाता है। कवि के बोलने से पहले तस्वीरें बोलती हैं। सभागार चमत्कृत है। कवि लार्जर दैन लाइफ़ हो चुके हैं। फ़ोटोशॉप की क्षमताओं का जलवा है, जिसके रहते कविता अपने नए-नए अर्थ खोल रही है। लालू जी का उगालदान भरता जा रहा है। पान के बीड़े कम पड़ रहे हैं।

कविता लालू पर

अधिकारियों ने बताया था कि मंत्री जी केवल आधा घंटा रुक पाएंगे। वे पूरे तीन घंटे आनंद लेते रहे। कल्पना और यथार्थ की किस्सागोई के साथ कविसम्मेलन चलता रहा। लगभग सभी ने लालू जी पर कुछ न कुछ सुनाया। अंत में काव्यपाठ किया श्री अल्लड़ बीकानेरी ने। उन्होंने एक पैरोडी लालू जी पर ही सुना दी– **'दिल्ली में है तन, पटना में है मन, हालात की मार निराली है, जीजाजी का जी बहलाने को, साला है न कोई साली है। शब ढलने लगी तो लालू ने ललुआइन को टेलीफोन किया, आ जाओ तड़पते हैं अरमां, अब रात गुज़रने वाली है।'** मुझे पता था कि इससे जुड़ती हुई एक और पैरोडी अल्हड़ जी ने लिखी थी पर चूंकि लालू जी सामने बैठे थे इसलिए संकोच कर रहे थे।

मैंने अल्हड़ जी को प्रोत्साहित किया– 'सुना डालिए। लालू जी हास्य और व्यंग्य का कभी बुरा नहीं मानते।'

कौमती दो, कौमती दो

अल्हड़ जी ने रावड़ी भाभी की तरफ़ से जवाब दे दिया– **'और तकलीफ़ मुझे ऐ मेरे हमराज़ न दो, मुझको इस रात की तनहाई में आवाज़ ना दो।'** अधिकारी उस समय सोच रहे होंगे– 'अल्हड़ जी, रेलवे की कविता में चलता है, पर इतना नहीं चलता। कमती, कमती बोलिए।' धन्यवाद ज्ञापन की अंतिम औपचारिकता से पहले मैंने संकेतभर किया– 'इस ई-कविसम्मेलन के लिए हिंदी अनुभाग के पास पर्याप्त धन नहीं था। फिर भी कवि मित्रों और अपनी तकनीकी टीम के सहयोग से मैं इसे प्रस्तुत कर पाया। मैं इनका आभारी हूं।

हिंदी की नई संभावनाएं

मैं सदैव उन लोगों का आभारी रहूंगा जो हिन्दी को अब कूपमंडूकों, निरक्षरों और उपेक्षितों की दरिद्र भाषा नहीं मानेंगे। हिन्दी तकनीकी रूप से समृद्ध होकर जन-सम्प्रेषण की नई-नई संभावनाएं खोल रही है। लालू जी जैसे मिट्टी से जुड़े नेता यदि चाहें तो भाषा का संवर्धन हाई-टैक प्रविधियों से हो सकता है। हिन्दी उन्नति कर सकती है। वस्तुत: हिन्दी की रेल सरपट इसीलिए नहीं दौड़ पाती क्योंकि पटरी बिछाने वालों में ही पटरी नहीं बैठती। हिन्दी के नाम पर कुछ ज़रा-सा भी ख़र्च होता है तो अंग्रेजीदां मूछों के पेट में मरोड़ उठने लगता है। हिन्दी अनुभाग ने कवियों को पारिश्रमिक के रूप में क्या दिया है, यह बताकर मैं रेलवे की छवि पर दारिद्र्य का पाउडर नहीं लगाना चाहता।'

पचास हज़ार की घोषणा

खेल ख़तम हो गया, हजम करने लायक पैसा मिला ही नहीं था, इस बात का अहसास शायद लालू जी को हुआ। उन्होंने अचानक माइक मंगाया और हॉल से निकलती हुई जनता को रोकते हुए ताबड़तोड़ घोषणा कर दी कि जितने कवियों ने कविता सुनाया है, उन सबको पचास-पचास हजार रुपए मंत्रालय की ओर से दिए जाते हैं।

मैं लालूजी के पीछे खड़ा था। मेरे पीछे रेलवे के कुछ अधिकारी खड़े थे। एक अधिकारी ने दूसरे से जो शब्द कहे वे मेरे कान में भी सहज प्रविष्ट हुए– 'अरे! अरे!! मंत्री जी, कम दें ये तो बहुत ज़्यादा है। इतना तो अनुभाग का वार्षिक बजट भी नहीं होता। निबंध और कविता प्रतियोगिताओं में हजार रुपए से ज़्यादा कहां देते हैं। क़ोई रेलवे दुर्घटना थोड़े ही हुई है कि विकलांग कवियों को मुआवज़ा

दे दो। बताइए बिना सलाह लिए घोषणा भी कर दी। देंगे कहां से? कम देते हमारे अनुभाग में इतना नहीं चलता।'

कलकत्ता के कवि-सम्मेलन और बंगाल की साड़ियां

उस सभागार में खड़े-खड़े मुझे सन् 1978 में कलकत्ता में हुआ एक वाकया याद आया। कलकत्ता में होली के आसपास बहुत कविसम्मेलन हुआ करते हैं। एक-एक दिन में पांच-पांच कविसम्मेलन। पहला–सुबह-सुबह टहलने वाली मंडली के सांथ पार्क में। दूसरा- दस बजे कलामंदिर में। तीसरा- एक बजे, उसी सभागार में दूसरे श्रोताओं के साथ। चौथा- तीन बजे, टैगोर थिएटर में। पांचवा- पांच बजे, महाजाति सदन में। बहुत रात में कार्यक्रम होते नहीं थे, क्योंकि, कहीं भी और कभी भी बंब-पटाखे फूट सकते थे। ऐसी कविसम्मेलन शृंखलाओं के बाद जेब में अच्छी-ख़ासी रकम और अटैचियों में बंगाल की तांत की साड़ियां भरकर कविगण लौटा करते थे।

मुझे और सुरेन्द्र जी को कलकत्ता से दिल्ली के एक कविसम्मेलन के लिए तत्काल लौटना था। आरक्षण था नहीं। उन दिनों रेलवे थ्री-टायर बोगी के टी॰टी॰ भगवान से कम नज़र नहीं आते थे। जो टी॰टी॰ पहचान जाते थे, वे न केवल अच्छी जगह दिलाते थे बल्कि अपनी ओर से कवियों का चाय-पानी भी करते थे। हावड़ा जंक्शन पर हमें किसी ने नहीं पहचाना।

जिस डिब्बे में बर्थ की संभावना दिख रही थी उसके टी॰टी॰ एक बंगाली मोशाय थे। टी॰टी॰ के चेहरे पर वो भाव था जो आमतौर से रिज़र्वेशनातुर यात्रियों को देख कर आता है। ऐसे अवसर पर यात्री के चेहरे पर पटास का भाव होता है और टी॰टी॰ के चेहरे पर नकली खटास का। सुरेन्द्र जी ने सौ का नोट निकाला और टी॰टी॰ मोशाय के हाथ पर रख दिया– 'दादा! दिल्ली तक दो बर्थों का इंतजाम कर दो।' टी॰टी॰ मोशाय सौ का करारा नोट देखकर विस्मित थे। सुरेन्द्र जी ने आत्मीय दबाव से उनकी मुट्ठी बंद कर दी। टी॰टी॰ मोशाय बोले- 'कौमती दो! कौमती दो!! रेलवे में चौलता, पर इतना नईं चौलता।' दरअसल, ठीक यही भाव रेल भवन में खड़े अधिकारियों की टिप्पणी में था– 'लालू जी कौमती दो, कौमती दो। रेलवे में चलता, पर इतना नहीं चलता।'

इनाम-शिनाम भूल जाइए

लालू जी तो घोषणा कर चुके थे। कवि थे कि भरोसा नहीं कर पा रहे थे। मुझे भी एक पुरानी कथा याद आई– एक राजा को एक कवि ने शानदार कविता सुनाई। राजा बहुत खुश हुए और राजा ने भी बहुत शानदार इनाम की घोषणा कर दी। इनाम की घोषणा से कवि बहुत खुश हुआ। जब इनाम लेने गया, तो राजा

ने कहा– 'काहे का इनाम! आपने हमें बातों से खुश किया, हमने भी आपको अपनी बात से खुश कर दिया। खुश रहिए और इनाम-शिनाम भूल जाइए।'

सच्ची में मिल गया

एक दिन अचानक रेल-भवन से फोन आया कि चैक तैयार हैं, ले जाइए। चैक लेने के बाद भी कई कवियों को यकीन नहीं आया कि सच्ची में मिल गया। कुछ ने तो यकीन चैक भुना लेने के बाद ही किया होगा।

दूसरी ओर, वे कवि आज भी मलालग्रस्त हैं, जिन्हें मैंने निमंत्रित किया था, लेकिन कम पैसों के प्रस्ताव अथवा निजी कारणों से इस ई-कविसम्मेलन में नहीं आ सके थे। हाय हुसैन, हम क्यों न हुए! ख़ैर, कविगण पचास-पचास हज़ार पा चुके हैं। खा–पचा चुके हैं। जब भी उस कविसम्मेलन की सुहानी स्मृति-बयार आती है, मेरी खोपड़ी-पटल की चिन्तन-झोंपड़ी के आसपास उन टी॰टी॰ मोशाय का चेहरा, अल्हड़ जी का चेहरा, रेल भवन के अधिकारियों के चेहरे मुस्कुराते हुए मंडराने लगते हैं और गूंजता है अलग-अलग स्थितियों में कहा गया एक ही जुमला–

कौमती!
कौमती!!
कौमती देओ!!!
रेल में चलता है
पर इतना नहीं चलता है।

कवि अनंत कवि-कष्ट अनंता

कविसम्मेलन के मंच पर जब, कविता के दम पर, बिना मांगे ताली मिलती है तो कवि भी ख़ाली नहीं रहता, अंदर तक प्रसन्नता से भर जाता है। दुगने आवेग और उत्साह में तन्मय होकर श्रोताओं से जुड़ जाता है। प्रसंशा का तत्काल लाभ उठाता है। उसकी प्रस्तुति में आत्मविश्वास बढ़ता जाता है। प्रस्तुति के समापन पर बजने वाली तालियों से अच्छा उस समय उसे कुछ नहीं लग सकता। हां, बाद में मिलने वाला लिफ़ाफ़ा उसकी प्रसन्नता में इजाफ़ा ज़रूर कर देता है।

प्रशंसाओं की सुगंधित बौछार

आनंद के कुछ और क्षण भी होते हैं, जैसे—बाद में श्रोताओं से घिर जाना। ऑटोग्राफ़ देना, फोटोग्राफ़ देना। तो उसकी उमंगों का ग्राफ़ ऊंचाइयां छूने लगता है। उसे किंचित संकोच के साथ मीठा-मीठा गर्व होता है। वह बहुत देर तक मुस्कुराता रह सकता है। जनता के बीच खुद को असाधारण रूप से साधारण बनाते हुए प्रशंसाओं की सुगंधित बौछार में भीग-भीग जाता है। उसे घिरा देखकर कुछ आयोजक अपनी महत्ता जताते हुए भीड़ चीरकर आते हैं और बांह पकड़कर बचाते हुए निकालकर ले जाते हैं। तब कवि को बुरा लगता है। श्रोताओं से जो स्नेह मिल रहा होता है उससे वह वंचित नहीं होना चाहता।

मेरा आनंद तेरा कष्ट

ठीक इसी समय कार में बैठे हुए अन्य प्रतीक्षारत कवि उसे गाली दे रहे होते हैं। उन्हें होटल पहुंचने की हड़बड़ी होती है। दिमाग़ में न जम पाने के कारण थोड़ी गड़बड़ी होती है। वे इसरार करते हैं कि हमें छोड़ आइए, वो आते रहेंगे। किसी का आनंद किसी के लिए कष्ट बन जाता है। इसके विपरीत किसी का कष्ट किसी के लिए आनंद बनते हुए भी देखा जाता है।

कुछ कवि-कष्ट

कुछ कष्ट ऐसे हैं जिनका सामना मंच के हर कवि को प्राय: करना पड़ता है। इन कष्टों का विधिवत वर्गीकरण किया जा सकता है। फिलहाल सुविधा के लिए एक सूची बनाते हैं।

कवि कष्ट नंबर-एक : अच्छी कविता के लिए अच्छे श्रोता न मिलना।

कवि कष्ट नंबर-दो : अच्छे श्रोताओं के लिए स्वयं पर अच्छी कविता न होना।

कवि कष्ट नंबर-तीन : आयोजकों द्वारा विभिन्न कारणों से उसे सम्मान सहित अपमानित करने का प्रयास करना।

कवि कष्ट नंबर-चार : मनोनुकूल यात्रा सुविधाएं न मिलना।

कवि कष्ट नंबर-पांच : मनोनुकूल यात्रा सुविधाओं में, मनोनुकूल सहयात्री न मिलना।

कवि कष्ट नंबर-छः : ठहरने की व्यवस्था मनोनुकूल न होना।

कवि कष्ट नंबर-सात : दूसरे कवियों का अधिक सुनाना और अधिक जमना।

कवि कष्ट नंबर-आठ : दूसरे कवियों को अधिक पारिश्रमिक मिलना।

कवि कष्ट नंबर-नौ : प्रस्तुति से पहले भूखा रहना।

कवि कष्ट नंबर-दस : प्रस्तुति के बाद रात्रि में भोजन का जुगाड़ न होना।

कवि कष्ट नंबर-ग्यारह : आयोजकों द्वारा द्रव एवं द्रव्य संबंधी अपेक्षित इच्छाएं पूर्ण न किया जाना।

कवि कष्ट नंबर-बारह : विदाई के समय स्वयं के अतिरिक्त किसी को रुलाई न आना।

कवि कष्ट नंबर-तेरह : किसी कवि का किसी कवि से अन्य आयोजनों के बारे में संवाद करना।

कवि कष्ट नंबर-चौदह : अपारे कष्ट संसारे... बस, रेल, हवाई जहाज और साहित्य में स्थान न मिलना।

मंच के इस कवि को कई बार कंटीले कष्टों के मार्ग से गुज़रना होता है। कई बार जीते जी मरना होता है। दिन में तारों भरा आकाश नज़र आने लगता है। कई बार उसकी चेतना पातालवासी हो जाती है। क्यों? क्योंकि, थल पर उसके साथ वैसा सुलूक नहीं होता जिसकी वह अपेक्षा करता है।

तालाब में पहला गोता

कुछ अपने ही कष्टों का खुलासा करता हूं। आशा करता हूं कि मेरे द्वारा भोगे गए ये कष्ट आपको ज़रा भी कष्ट नहीं पहुंचाएंगे। आप कष्टों की लिस्टों से मुस्कुराएंगे।

इतना भर अवश्य सोचकर देखिएगा कि यदि यह आप पर बीते होते तो कैसा होता। तो लगाता हूं कवि-कष्ट नामक तालाब में पहला गोता।

तो हे पाठक-श्रोता! मौका-ए-कांड- यह ब्रह्मांड। लोक-भूलोक। देश-भारत, जहां होते रहते हैं महाभारत। प्रांत हरियाणा, जहां दूध-दही का खाणा। थल का नाम- कैथल।

पत्र के प्रकरण

कविसम्मेलनों की दूसरी पारी में मैंने अभी जाना शुरू नहीं किया था। यदाकदा गोष्ठियों में जाता था। कुछ लघु-पत्रिकाओं में कविताएं छपती थीं। कैथल का एक बालक पता नहीं मेरी कौन सी कविता को सुनकर या पढ़कर मुग्ध हो गया कि उसने मुझे पत्र लिखा।

कविता उसे अच्छी लगी, पत्र में इस प्रथम प्रकरण के बाद उसने दूसरे प्रकरण के अंतर्गत बताया कि वह कैथल में छात्र है और उनकी दवाइयों की एक बड़ी दूकान है। तीसरा प्रकरण सूचनादायक था कि अगले सप्ताह उसकी शादी होने जा रही है और जिस कन्या से उसकी शादी हो रही है वह भी अभी छात्रा है। पत्र का चौथा प्रकरण था कि वह अपने विवाह में मुझे सशरीर उपस्थित चाहता था। कविता सुनाने जैसा कोई आग्रह, आदेश या पाबंदी नहीं थी, बस शोभावृद्धि के लिए बुलाना चाहता था। उसका मानना था कि वह तर जाएगा अगर मैं उसकी शादी में आ जाऊं।

मुझे पहली बार एक अलग तरह का चौंकाऊ आनंद आया कि मैं किसी के विवाह में शोभावृद्धि के लिए भी बुलाया जा सकता हूं और अपनी उपस्थिति से किसी को तार सकता हूं। पत्र का अंतिम प्रकरण था कि वह मुझे और तो कुछ नहीं पर किराये-भाड़े के रूप में सौ रुपए प्रदान करेगा। पत्र का शिष्ट-परिशिष्ट था कि आना परम अनिवार्य है। मैंने मन ही मन उसे उत्तर दिया—क्या बात कर दी यार! सौ रुपए की कोई बात नहीं। मिले तो ठीक न मिले तो ठीक। हम पहुंचेंगे, ज़रूर पहुंचेंगे।

न कोई मुझे जानता था न मैं किसी को

शादियों में सम्मिलित होने के ढेर सारे अनुभव मेरे पास थे। गांव कस्बों की कितनी ही बारातों में तीन-तीन रातों तक मज़े किए हैं। बारातियों और घरातियों के मिलन संस्कार समारोहों में अनेक बार कविताएं भी सुनाईं, एकल अभिनय भी किए पर कैथल का अनुभव तो निराला था। ये ऐसी शादी थी जिसमें न कोई मुझे जानता था न मैं किसी को जानता था। दूल्हे की हैंड राइटिंग पहचानता था पर मिलना तो दूर फोटो तक नहीं देखा था। और जी पहुंच गए कैथल।

बताए गए पते के अनुसार पहुंच गया, अमुक गली की तमुक धर्मशाला। जाकर मैंने परिचय दिया और पूछा कि ठहरने का इंतज़ाम कहां है। बताया गया– हॉल नंबर तीन। हॉल नंबर तीन में लगभग पंद्रह गद्दे और तीस लोग पड़े हुए हैं। जिसने वहां पहुंचाया वह कोई महत्वपूर्ण परिवारी था। सब उसे ताऊ कहकर आदर से पुकार रहे थे।

ताऊ ने ऊंचे स्वर में बताया–'कवी है। दिल्ली से आया है। दूल्हे ने अपनी ख़ास पसंद पर बुलाया है।' लेटे खड़े बैठे और पड़े लोगों ने विचित्र सी दृष्टि मेरी ओर डाली। ताश खेल रहे लोगों ने तो इतना भी नहीं किया। किसी ने मेरे आगमन पर कोई उत्साह नहीं दिखाया और न मेरे लिए कोई स्थान बनाया।

बरातियों को ख़ुश कर दे

जो इकलौता व्यक्ति मुझे पहचान सकता था उस पर हल्दी चढ़ी हुई थी। किसी को कोई जल्दी नहीं थी। जल्दी मुझे थी उस बेगाने वातावरण से जैसे-तैसे लौटने की। मैं खिसकने की योजना बना ही रहा था कि ताऊ आ गए। उन्होंने बताया कि बैंड वाला आ गया है। घोड़ी भी आ गई है। अनार फोड़ने वाला और घोड़ी के आगे तासे पर नाचने वाला नचनिया भी आ गया है। सारी तैयारी है, मैं तैयार क्यों नहीं हूं। मैं अवाक था। किसी तरह हिम्मत करके पूछा- 'दूल्हा कहां है?' ताऊ ने उत्तर दिया–'अभी ना मिलने का। मेरी ड्यूटी लगाई है तेरे ऊपर। कोई तकलीफ नहीं हो, तेरा सारा ख्याल रखूंगा। तू म्हारे बरातियों को खुश कर दे।'

मेरे पैरों तले की ज़मीन इक्वेटर से कई मीटर खिसक गई। कोई दूसरा ताऊनुमा आया। तो ताऊ ने नुमा को बताया– 'कवी है। बिट्टू ने बुलाया है।'

नुमा ने शंका जताई– 'पहले तो हमने किसी कविसम्मेलन में देखा नहीं।

ताऊ बोले– 'लड़के की डिमांड पर बुलाया है ना! कविता सुनाएगा।'

नुमा ने पूछा– 'छपवाके लाया है सेहरा-वेहरा?

मैंने कहा– 'जी, मैं तो कुछ नहीं लाया।'

नुमा कुछ तैशनुमा हुआ– 'फिर काहे को आए हो भइया।'

ताऊ ने नुमा को आश्वस्त किया– 'सौ रुपए देंगे, तो काम तो कुछ न कुछ दिखाएगा।'

लड़के का निर्देश था कि मेरा ख़ास ध्यान रखा जाए। ताऊ ने दूध से भरी बाल्टी मंगा दी और एक नौजवान मेरे साथ लगा दिया– 'ये कवी जहां भी जाए, इसे दूध पिलाते रहना और ध्यान रखना कि ये इत्त-उत्त न हो जाए।' मेरी दशा देखकर नौजवान समझ गया कि इसे दूध पिलाना इतना महत्वपूर्ण नहीं है जितना कि इस बात का ध्यान रखना कि ये इत्त-उत्त न हो जाए। उसने मेरे कंधे पर

टंगा थैला अपने कब्ज़े में कर लिया और दूध का एक गिलास मेरी ओर बढ़ाया। मैं मूर्ति के समान जड़वत था। मुझे दूध पिलाया नहीं जा सकता था, मुझ पर चढ़ाया जा सकता था।

बहरहाल, दूल्हे को घोड़ी पर चढ़ाया गया। मैं उसके पास नहीं पहुंच सकता था। पर वो मुझे दूर से पहचान गया। उसकी एक मुस्कान ने मेरे सारे कष्ट दूर कर दिए। वो किसी को बुलाकर कुछ कहना चाहता था। किंतु रस्म-रिवाज की अपेक्षाओं के कारण वह खुद ही जड़ीभूत व्यंग्य हो चुका था। किसी ने उसकी बात सुनी नहीं। जब दूल्हे की नहीं सुनी जा रही तो हमारी कौन सुनता? ताऊ ने कहा–'चल बैंड के आगे-आगे कविता सुनाते हुए चल। सेहरा लिखकर नहीं लाया तो सुनाता हुआ चल। तेरे सौ रुपए मेरे पास हैं।'

आत्मग्लानि का अनिष्ट

अभी तक तो आप आनंद ले रहे हैं। आगे वर्णन किया तो शायद आप ज़्यादा आनंद लेने लगें। अपने कष्ट से जनित उतना आनंद फिलहाल मैं आपको नहीं देना चाहता। सिर्फ़ इतना बताऊंगा कि मेरा बैग मेरे पास नहीं था। दूध की बाल्टी के पास था। दूध की बाल्टी जिसके पास थी वह बलिष्ठ था। मेरे सामने बैंड दल की शोभायात्रा थी और मेरे ऊपर आत्मग्लानि का अनिष्ट था। पता नहीं मैं किस विधि से बसस्टैंड पहुंचा। ग़नीमत है कि किराए लायक पैसे जेब में थे। मैं वहां से खिसक लिया।

जब कविसम्मेलनों का सिलसिला शुरू हुआ तब मैंने मन ही मन ठान लिया कि मुंडन, सगाई, छोछक, विवाह, जन्मोत्सव जैसे किसी समारोह में कविता सुनाने नहीं जाऊंगा। अफसोस कि अपने ठाने हुए को पूरी तरह से निभा नहीं पाया। कई जगह गया और प्रायः पछताया। इस तरह के कार्यक्रमों के लिए एक पारिभाषिक शब्द है– झनझनझोला। मौका मिला तो कभी अगली बार बताऊंगा आपको दास्ताने-झनझनझोला।

दिल की बातें दिल में ही रहना मुश्किल है
उन बातों का भाषा में बहना मुश्किल है।
खट्टा-मीठा दर्द उठा करता जो अंदर
सहना है आसान, मगर कहना मुश्किल है।

खेल एलपीएम और सीपीएम का

तिरुवल्लुवर ने कहा था कि अभी मुट्ठी बराबर सीखा है धरती बराबर शेष है। जहां तक अपनी बात है, अपन मुट्ठी बराबर का तो नहीं, चुटकी बराबर का दावा तो कर ही सकते हैं- 'जो सीखा चुटकी भर सीखा धरती भर है बाकी, उस पर अहंकार दिखलाना है ये सीख कहां की?' चुटकी बजाने के दौरान वो ज्ञान भी खिसक न जाए, इसलिए जी हमने बांटना शुरू कर दिया। जैसे-जैसे और जितना-जितना मिलता गया, बांटते गए। इस लालच में कि बांटने से बढ़ता है।

लेकिन चेले खिसक लेते हैं

एक योग्य शिष्य ने पूछा- 'गुरू जी, ऐसा क्यों होता है कि चेले आपके पास कुछ समय रहते हैं और फिर धीरे-धीरे खिसक लेते हैं? लगता है आपकी सिखाने की पद्धति में खोट है।' मैंने कहा- 'वत्स! जितनी विद्या मुझे आती है मैं उन्हें उतनी भर का ज्ञान देने की पुरजोर कोशिश करता हूं। थोड़ा सा काव्यशास्त्र पढ़ा है और थोड़ा-बहुत बुजुर्गों से सीखा और गुना है। इसके आधार पर, और कुछ अपने अर्जित अनुभवों से, उन्हें समझाता हूं कि कविता कैसी होती है और कैसी होनी चाहिए। शिष्यगण प्रत्यक्ष और अप्रत्यक्ष दोनों प्रकार से सीखते हैं। कविताएं लिखते हैं। प्रसन्न होते हैं, आभार ज्ञापित करते हैं। लेकिन, ...लेकिन तुम्हारा ये प्रश्न तो ज्यों-का-त्यों खड़ा है कि खिसक क्यों लेते हैं। मेरी समझ से इसका कारण ये है कि उनकी समझ में एलपीएम और सीपीएम का गणित आ जाता है।'

एलपीएम और सीपीएम

'एलपीएम' का मतलब है 'लाफ़्टर पर मिनिट' और 'सीपीएम' का मतलब है 'क्लैपिंग पर मिनिट'। जिसके पास 'एलपीएम' जितना ज़्यादा होगा वह कविसम्मेलन

में उतना ही ज़्यादा जमेगा। जिसके पास 'सीपीएम' जितना ज़्यादा होगा उतना ही कविसम्मेलनों में ज़्यादा बुलाया जाएगा।

इस बात को ऐसे भी कह सकते हैं कि जिसको 'एलपीएम' अर्थात् 'लाफ़्टर पर मिनिट' का खेल समझ में आ जाता है उसका 'एलपीएम' बढ़ जाता है। दूसरे 'एलपीएम' का मतलब है 'लिफ़ाफ़ा पर मिलीमीटर', मोटाई में।

जिसको 'सीपीएम' अर्थात् 'क्लैपिंग पर मिनिट' का खेल समझ में आ जाता है उसका 'सीपीएम' बढ़ जाता है। दूसरे 'सीपीएम' का मतलब है 'कॉल्स पर मंथ'। यानि कविसम्मेलनों में उसकी मांग ज़्यादा बढ़ जाती है।

कविता और सिर्फ़ कविता सुनाओगे तो 'एलपीएम' और 'सीपीएम' दोनों कम रहेंगे। कविताएं सुनाने से तो 'एलपीएम' मात्रा में अधिक होगा नहीं। 'लाफ़्टर पर मिनिट' बढ़ाने के लिए 'लतीफ़ा पर मिनिट' बढ़ाओ। लतीफ़े पर किसका कॉपीराइट! लतीफ़ा उसका जो उसे सुनाए। मौलिकता सुनाने के अंदाज़ की होती है। लतीफ़ों को इस तरह सुनाया जैसे वे प्रसंग उनके जीवन में ही घटे हों। पात्र-चरित्र वे ही बना लिए जो मंच पर विद्यमान हों।

अपनी शिष्य-मंडली के अनेक कवि कविताएं छोड़कर लतीफ़ापंथी हो गए। घूम फिर कर वही पचास-साठ लतीफ़े हैं जिन्हें सब के सब सुना रहे हैं। चुनौती कौन देगा भला! नया शहर, नए श्रोता। जिसका दाव लगा उसने पहले सुना दिए। कोई नहीं टोकता कि ये मेरा था। कोई नहीं रोकता कि हम इसे पहले भी सुन चुके हैं। तीस मिनिट लतीफ़े और अंत में डेढ़-दो मिनिट की कविता।

कौन सुनता है कविता

शिष्यगण कहते हैं- 'कविता की ज़रूरत ही कहां है? कौन सुनता है कविता? हां, छपवाने के लिए ठीक है। गुरूजी अथवा भाईसाहब! मेरी पांडुलिपि तैयार है। भूमिका आपको ही लिखनी है।' इन दिनों मैं इन 'एलपीएम'वादी कवियों की पुस्तकों का भूमिका-लेखक बनकर रह गया हूं। उनसे आत्मीयता के नाते रहे थे, हैं, और आगे भी रहेंगे, इसलिए, भूमिका में निंदा तो की नहीं जा सकती, कविताओं में जितना दम होता है, उसमें थोड़ी अतिरंजना मिलाकर आशीर्वादीलाल हो जाता हूं।

अपनी बारी की प्रतीक्षा

अच्छी और स्वच्छ-सच्ची हंसी और अंतर्तल से निकलने वाली तालियां ऐसे ही नहीं मिलतीं। उसके लिए कवि को तन-मन-प्राण और आत्मा की आहुति देनी पड़ती है। अभिव्यक्ति को हृदयग्राही बनाने के लिए स्वयं को सुपठित, सचेतन, और सहज रखना होता है। प्रस्तुति के दूसरे कौशलों की भी दरकार होती है जो

लेखन से इतर हैं, जैसे- स्वरों का आरोह-अवरोह, गायन, अभिनय और रूप-सज्जा, आदि।

मंच का कवि, जिसे तथाकथित साहित्यकार आमतौर से प्रपंच का कवि मानते हैं, कई तरह के दबावों में रहता है। मंच पर बैठे हुए वो अपनी बारी की प्रतीक्षा करता है। संचालक की ओर निरीह निगाहों से देखता रहता है कि शायद कोई संकेत मिले। संचालक उसकी उतावली भांप लेने के बावजूद उसे अनदेखा करता है। और जब सब वाह-वाह कर रहे होते हैं, वह कवि भी आदतन वाह-वाह करने लगता है। इरादतन हंसने लगता है, जब सब हंस रहे होते हैं। दूसरे कवियों की कविताएं वह प्रायः तब तक ध्यान से नहीं सुनता जब तक वह स्वयं सुनाकर निश्चिंत नहीं हो जाता। सचमुच परेशान रहता है, कब उसकी बारी आएगी। अगर उसे उसके उचित स्थान पर बुला लिया जाए तो प्रसन्न होता है वरना तनाव से घिर जाता है।

ज्यों की त्यों, उतनी की उतनी, वैसी की वैसी

ऐसे भी बहुत सारे कवि हैं जो इस मामले में दिल-दिमाग का ज़्यादा इस्तेमाल नहीं करते। वे जानते हैं कि उनके पास जो सामग्री है उन्हें यथावत सुनानी है। ज्यों की त्यों। उतनी की उतनी। वैसी की वैसी। यथास्थान अल्पविराम, पूर्णविराम या अविराम। कविता के हर बंद हर अंतरे के साथ लतीफ़े पूर्वफ़िटित हैं। उन्हें पता रहता है कि कहां हंसी आएगी, कहां ताली बजेगी। वे बड़े निश्चिंत रहते हैं, उनके चेहरों पर बड़ी आभा रहती है। उनके कुर्ते का कलफ ख़राब नहीं होता। ख़राब होते हैं तो वे गावतकिये जिन्हें वे अपना पूरा वजन डालकर पिचका चुके होते हैं।

सहारा मिल्टन की बोतल का

लेकिन जो कवि लतीफ़ेबाज नहीं हैं,. तालियों के टोटके घोटके नहीं आए, वे तनाव में रहते हैं और उस तनाव के रहते अचानक पीछे जाकर अपना कंठ तर कर आते हैं। हालांकि वे जानते हैं कि मंच के पीछे जाना और पीना कोई अच्छी बात नहीं है, लेकिन जाते हैं, क्योंकि आत्मविश्वास डगमगाया हुआ होता है। कई बार ये काम मंच पर बैठे-बैठे ही कर लेते हैं। चाय के कप में या कुल्हड़ में। मिल्टन में बोतल में वे सिर्फ पानी नहीं रखते।

मान लीजिए, दादा प्रतीक्षा कर रहे हैं। संचालक को चार बार घूर कर डांटा, बारी फिर भी नहीं आई। घट में पुनः उतारे दो घूंट। सामने माइक पर खड़ा कवि, कविता का पूरा घूंघट उतार कर अपना 'एलपीएम' रेट बढ़ा रहा है। घूंघट क्या, इसने तो कविता की नथ भी उतार दी सरेआम। अब दादा को माइक पर जाकर

कविता की इज़्ज़त बचानी है। वे अपने अच्छे गीत, अच्छी ग़ज़लें, अच्छी कविताएं ही सुनाएंगे। आत्मविश्वास-अर्जन के लिए मिल्टन की बोतल से फिर एक घूंट।

विषलहरी का प्रभाव

जनता भी समझ जाती है कि मिल्टन की बोतल में ख़ालिस पानी नहीं है। बिसलेरी नहीं है, विषलहरी है। विषलहरी अपना प्रभाव छोड़ चुकी है। दादा पूरे मूड में हैं। अब सचमुच उनकी बारी आएगी। माइक तक आने से पहले एक घूंट विषलहरी और। वे अब अपनी बमलहरी के लिए एकदम तैयार हैं। पैंट ऊंची करते हैं। शर्ट नीची करते हैं। उन्हें थोड़ा-थोड़ा अंदाज़ा है कि जीभ और जांघ दोनों लड़खड़ा सकती हैं।

बैठे थे तो विषलहरी भी बैठी हुई थी, उठे तो वह भी उठ गई। वे किसी तरह माइक तक आते हैं। देखते हैं कि श्रोताओं में से दस-पांच लोग अंगड़ाई लेते हुए उठ रहे हैं। दादा के सामने चुनौती है कि अब उन लोगों को उठने न दिया जाए जो उठने की योजना बना रहे हैं। अच्छी कविताएं सुनाने का इरादा चकनाचूर हो चुका है। वे अपनी वही कविता सुनाते हैं जिसे कम से कम हज़ार बार सुना चुके हैं। उस कविता के 'एलपीएम' और 'सीपीएम' पर उन्हें भरोसा है।

बची-खुची दो-चार बूंद

कविगण आमतौर से कविसम्मेलन के बाद ही भोजन करते हैं। रात को कविताएं सुनानी हैं यह सोचकर दादा ने दिनभर भोजन नहीं किया था। वे होटल में भोजन रखने के लिए बोलकर तो आए थे, रखा होगा, लेकिन भोजन ठंडा मिलेगा, ये भी मालूम है।

और इस तरह मंच का एक अदद शानदार कवि सफलताओं के भ्रम को समझता हुआ, तनावों से ग्रस्त, आत्मग्लानि से भरा हुआ, बड़बोले छुटभइये कवियों की बातों को इस कान से सुनकर उस कान से निकालने की निरर्थक कोशिश करता हुआ, धम्म से बैठ जाता है। मिल्टन की बोतल में अभी भी बची-खुची दो-चार बूंद हैं। आकाश की ओर मुंह उठाकर बरसात सी करता है कंठ के रेगिस्तान में।

कंठ सूख रहा है और उसके सामने हैं सूखी रोटियां। रायते के ऊपर झाग आ चुके हैं, खट्टा हो चुका है। दाल एकदम ठंडी और सिकुड़ी हुई सलाद। खाने का मन नहीं हो पा रहा। ठूंस लेते हैं पेट में किसी तरह और उस टैक्सी में आकर बैठ जाते हैं जो चार लोगों ने मिलकर की थी। अनुज बने हुए 'एलपीएम' 'सीपीएम'वादी कवियों में से एक पूछता है- 'दादा कुछ और चाहिए क्या?' ऐसी स्नेहभरी अभ्यर्थना को वे ठुकरा नहीं पाते, दो घूंट और सही।

अब वे इस हालत में नहीं हैं कि आशीर्वाद भी दे सकें। पिछली सीट पर पसर जाते हैं। अनुज कवि फुसफुसाते हैं- 'दादा सो गए हैं।' -'हम कहां बैठेंगे?' -'यार बिठा दो न इनको।' दादा चाहते तो अनसुना कर देते, लेकिन उनके मन में छोटों के लिए बड़ा लिहाज है। वे बैठ गए, दो कवि पीछे, दो आगे। अंधकार से पांचवां कवि प्रकट हुआ-'गजरौला तक छोड़ दोगे क्या?' छोटे कवि कहते हैं-'अब जगह नहीं है।' -'दादा को तकलीफ़...।' दादा कहते हैं- 'नहीं, आ जाओ, पीछे बैठ जाओ मेरे पास। तुम्हारी ग़ज़ल भी ठीक कर दूंगा। वज़न में बराबर नहीं थी।' अचानक दादा को याद आया- 'अरे वो कहां है... वो फोटोग्राफर, जो मेरे साथ आया था।'

दादा सोने जा रहे हैं

पीछे चार लोग हो गए। दादा गाड़ी रुकवाते हैं। अपने बाएं बिठाए हुए व्यक्ति को उतरने के लिए कहते हैं। सड़क के किनारे जाकर बड़ी ज़ोर से उल्टी करते हैं। सहज होने की कोशिश करते हुए हंसते हैं- 'हल्का हो गया, घिचपिच महसूस कर रहे थे न तुम लोग! लो आ जाओ। ढंग से बैठो।' किसी ने पूछा- 'दादा! अपने साथ फोटोग्राफर लेकर क्यों घूमते हो?' दादा बोले- 'पता नहीं कौन सा फोटो अंतिम फोटो हो जाए।'

भोर होने को है। सूरज जगाने आया है लेकिन दादा सोने जा रहे हैं। भरपूर उजाले में दादा सोएंगे। और... दादा सो गए। -'दादा तुम उठ क्यों नहीं रहे?' -'दादा को अस्पताल ले चलो।' पांचवां कवि बोला- 'इससे तो मैं बस से ही निकल जाता।' -'क्या? दादा को ब्रेन हैमरेज हुआ!'

दादा जिस फोटोग्राफर मित्र को अपने साथ लाए थे वही अपना निकला। कवि अपने-अपने रस्ते हो लिए। सबको दूर जाना था। दादा ज़रा ज़्यादा दूर निकल गए। -'यार क्या करें?'

एलपीएम-

'लो फंसे मियां!'

सीपीएम-

'चलो फिर मिलेंगे!!'

खाटू के बाबा, काले नाग से बचाना

आज मैं आपको एक ऐसे आदमी की रामकहानी सुनाता हूं जिसके बारे में जानना चाहिए। जानना इसलिए चाहिए क्योंकि जो हम जानते हैं, मामला ठीक वैसा नहीं है। आदमी होता कुछ है और हम समझते कुछ और हैं।

दरअसल, ये रामकहानी नहीं है, श्यामकहानी है। जिनकी ये कहानी है उनका नाम श्यामलाल शर्मा हुआ करता था। लोग समझते हैं कि श्यामलाल शर्मा उर्फ़ अल्हड़ बीकानेरी राजस्थान के रहने वाले हैं, चूंकि नाम में बीकानेरी लगा है, और देखिए गड़बड़ यहीं से शुरू हो गई। बंदा राजस्थान का है ही नहीं, हरियाणा का है।

राजस्थानी समझे जाते हैं

हरियाणा में छोटा स. गांव ह बीकानेर। जहां न महल हैं न हवेलियां, न रेगिस्तान हैं न रंग-बिरंगी पनिहारी नवेलियां। भारत के छोटे गांवों जैसा गांव है। अल्हड़ जी लगातार सफ़ाई देते आ रहे हैं–'कैसा क्रूर भाग्य का चक्कर, कैसा विकट समय का फेर, कहलाते हम बीकानेरी, कभी न देखा बीकानेर। जन्मे बीकानेर गांव में, जो है रेवाड़ी के पास, पर हरियाणा के ऊतों ने, डाली हमको कभी न घास। हास्य-व्यंग्य की तलवारों के पानी समझे जाते हैं, हरियाणवी पूत हैं, राजस्थानी समझे जाते हैं।'

बुरादे में बचपन

बचपन रेगिस्तान की धूल में नहीं लकड़ी के बुरादे की धूल में बीता। पिताजी किंग्ज़वे कैंप स्थित हरिजन उद्योगशाला गांधी आश्रम के काष्ठकला विभाग के प्रशिक्षक थे। लकड़ी की नापजोख, वसूली चलाना और रंदा फिराना सिखाते थे। ये भी सिखाते थे कि चूल में चूल कैसे बिठाई जाती है। उन्होंने बालक श्याम

के कान पर भी एक पैंसिल रख दी। रंदे से पैंसिल छीलना भी सिखा दिया। आज मैं महसूस कर सकता हूं कि अल्हड़ जी की कविता पर काष्ठकला का कितना गहरा प्रभाव पड़ा। वे अपनी कविता में कच्ची लकड़ियों का इस्तेमाल नहीं करते। शिल्प पर इतना काम करते हैं कि शीशम को पच्चीकारी वाला शीशा बनाते हैं। ग़ज़ल हो या छंदबद्ध कविता, नाप में एकदम परफ़ैक्ट रहती हैं। अगली लाइन की चूल पिछली लाइन से इस तरह मिली होती है कि आप जोड़ का पता नहीं लगा सकते। शायरी बेजोड़ होती है उनकी।

छोटा-सा बालक चिरी हुई लकड़ियों पर दिल चीरने वाली शायरी लिखता था। आश्रम में ही रहते थे वियोगी हरि, उनके पिता के अभिन्न मित्र। उन्होंने श्याम को कापी थमा दी– 'श्याम बेटा! लकड़ियों पर नहीं कागज़ पर लिखो।'

लकड़ी का बुरादा पिताजी को रास नहीं आया। दमे की बीमारी ने घेर लिया। सपरिवार गांव बीकानेर में आ गए। आमदनी के सारे ज़रिए ख़त्म हो चुके थे। जमा-पूंजी लुट चुकी थी। पूरी तरह बेरोज़गार थे पिताजी। बालक श्याम ने हाईस्कूल तक हर कक्षा में टॉप किया लेकिन हालात ने इंटर पूरी नहीं करने दी। अच्छी बात ये हुई कि गांव की आबोहवा में पिताजी थोड़े स्वस्थ हुए।

कोई भी शिल्पकार अपनी रचनात्मक ऊर्जाओं को दबा नहीं सकता। गांव में नया फ़र्नीचर तो भला कौन ख़रीदता। पिताजी लगे हारमोनियम रिपेयर करने। उन्हें सुर का ज्ञान था। बेसुरे बाजों को सुरीला बना देते थे। दूरदराज के गांवों से लोग अपने हारमोनियम ठीक कराने आने लगे। मां भजन गाती थीं। शिवजी का ब्याह उन्हें पूरा याद था। पिताजी हारमोनियम बजाते थे। यहीं से श्याम के व्यक्तित्व में संगीत का प्रवेश हुआ। मां के साथ भजन गाने में उसे आनंद आता था।

चौदह वर्ष का ग्रामवास पूर्ण हुआ तो छप्पन में वियोगी हरि जी का न्यौता मिला–'आपके जाने के बाद काष्ठकला का डिपार्टमैंट एकदम बैठ गया। आ जाइए। इस बार आप प्रशिक्षक नहीं बल्कि निरीक्षक बनें।' परिवार पुनः महानगर की डगर पर हो लिया।

तेरा नाम रखूंगी बाबा

परिवार, बोले तो, ज़्यादा बड़ा नहीं था। नौ भाई-बहन होते, अगर सब ज़िंदा रहते। अल्हड़ जी से पहले तीन भाई भगवान जी का बड़े प्यारे लगे, खींच लिया ऊपर। नानी ने खाटू वाले श्याम बाबा से मनौती मांगी– मेरी बेटी की अगली संतान जी जाए तो पांच सेर लड्डुओं का प्रसाद चढ़ाऊंगी। लड़का हुआ तो तेरा ही नाम रखूंगी बाबा, श्याम! लड़की हुई तो श्यामा। तो जी, नवजात जी गया, नाम मिला श्यामलाल शर्मा। उसके बाद तीन भाई और आए पर भगवान जी को और भी प्यारे लगे, उनको भी जल्दी खींच लिया। फिर शायद भगवान को तरस आया

होगा कि एक बहन इसके लिए छोड़ दी जाए। तो नौ में से बचे दो। इनकी प्यारी छोटी बहन सन् दो हज़ार चार में चली गईं। अपने भाई-बहनों में अब अल्हड़ जी रह गए हैं अकेले। वैसे, इस समय उनका नाती-पोतों से भरा-पूरा परिवार है। उनका साहित्यिक परिवार पूरे देश में फैला हुआ है। सैकड़ों शिष्य हैं, लाखों चाहने वाले हैं।

दस-पंद्रह साल लग गए

श्यामकहानी में रिवर्स गेयर लगाते हैं। फिर से चलते हैं सन् छप्पन की ओर। इंटर फेल श्यामलाल को नौकरी करनी पड़ी। पिताजी की इकलौती तनख़्वाह में काम नहीं चलता था। बहन की शादी में एक हज़ार रुपया कर्ज़ लेना पड़ा। श्यामलाल की नौकरी पोस्ट ऑफिस में लगी तो ब्याज चुकाने का सहारा हो गया। ढाई साल तक श्यामलाल की सारी तनख़्वाह उस एक हज़ार के ब्याज के रूप में जाती थी और पिताजी की तनख़्वाह से घर चलता था। पिताजी गुज़र गए, गांधी आश्रम का फ्लैट छूट गया तो शायद उधारकर्ता को थोड़ा रहम आया। उसने ब्याज लेना बंद कर दिया। अल्हड़ जी बताते हैं कि मूलधन एक हज़ार रुपया चुकाते-चुकाते दस-पंद्रह साल लग गए।

मूलधन चुकाने में कव्वाली काम में आई। जिस दिन पहली बार हबीब पेंटर की कव्वालियां सुनीं, उसके अगले ही दिन इन्होंने भी एक लिख मारी–'मुझको महबूब के कूचे से गुज़र जाने दो, मेरी बिगड़ी हुई तक़दीर संवर जाने दो।' उस्ताद नहीफ़ देहलवी की सोहबत से कव्वालियों में निखार आया। चार-पांच साल तक रात-रातभर कव्वालियां गाईं। लय में तालियां बजाईं। सात रुपए बतौर गायक-शायर श्याम को मिलते थे, पांच रुपए ढोलक बजाने वाले को और तीन रुपए ताली बजाने वाले को। ये सिलसिला पांच साल तक चला।

श्याम से माहिर

कव्वालियों में संगीत का मज़ा तो था लेकिन शायरी का रचनात्मक लुत्फ़ नहीं। रसा देहलवी, गुलज़ार देहलवी, साहिर होशियारपुरी, सलाम मछलीशहरी, रज़ा अमरोहवी जैसे शायरों का सत्संग मिला तो ग़ज़ल कहने लगे। नाम रख लिया माहिर बीकानेरी। इनका एक दोस्त आर्मी में था दूसरा नेवी में। आर्मी हैडक्वाटर पर रम की बोतल के इर्द-गिर्द शायरी के जाम छलछलाते थे। लेकिन, आर्थिक तंगी ने बेहाल किया हुआ था। हालात लगातार क्रूर हो रहे थे। बहुत जल्दी-जल्दी घर में मौत ने अपनी लीलाएं दिखाईं। पिताजी नहीं रहे। पत्नी चल बसीं। दूसरा बेटा तीन साल की उम्र में गुज़र गया। एक वक्त ऐसा आया कि घर में केवल दो प्राणी रह गए। अपने अलावा एक मां।

माहिर से अल्हड़

नाम रख तो लिया था माहिर, पर ज़िंदगी चलाने में माहिर नहीं थे। स्थितियां तब बदलीं जब स्वयं को माहिर मानना बंद कर दिया और अल्हड़ता की ओर लौटे। छोटी साली पत्नी बनीं। हास्य की दिशा ने घर की तंगहाली दूर कर दी। अल्हड़ नाम रखने के बाद से सफ़र शानदार गुज़र रहा है। गाकर हास्य सुनाने वाले वे अपनी तरह के अकेले कवि हैं। अपने हास्य-लेखन को वे अपनी क़लम का कौशल भर मानते हैं। आंतरिक ख़ुशी आज भी गंभीर ग़ज़लों से ही मिलती है।

स्वावलंबन पेय

आर्मी हैडक्वाटर में नसीहत मिली थी कि दूसरों की नहीं पीनी है। तभी से अल्हड़ जी स्वावलंबी रहते हैं। एक चमड़े के बैग में अर्द्धाली रखते हैं। उस स्वावलंबन पेय को कहते हैं काला नाग। मंच पर अपनी बारी आने से पहले वे पीछे जाते हैं, बैग में रखे काले नाग का ढक्कन खोलकर उसे बीन की तरह बजाते हैं और गुपचुप गटागट ध्वनि के बाद मंच पर आते हैं... और झूमकर सुनाते हैं। कई बार काले नाग का दंश ज़्यादा हो जाता है तो कम सुनाते हैं पर मैंने उनकी ज़बान को लड़खड़ाते नहीं देखा। आज उनकी नानी जीवित होतीं तो खाटू के श्याम बाबा से मनौती मनातीं– हे खाटू के बाबा! मेरे श्याम को काले नाग से बचाना।

उनसे पहली मुलाकात

अल्हड़ जी से अपनी मुलाकात रेल में दिल्ली से मद्रास जाते हुए सन् अठहत्तर में हुई थी। एक कवि और थे उनके साथ– हरिओम बेचैन। दोनों की एक जैसी अटैची, एक जैसी पैंट, एक जैसी कमीज़। एक जैसी कविताएं नहीं थीं लेकिन। अल्हड़ जी छंदबद्ध कविताएं गाकर सुनाते थे, हरिओम बेचैन मुक्त छंद में स्थितिप्रधान हास्य रचते थे, जिनमें प्रायः महिलाओं पर मज़ाक होता था। ऊपरी परिदृश्य के अलावा इन दोनों कवियों में कोई समानता नहीं थी। मैत्री थी चुबंक के दो ध्रुवों की तरह। एक छोर पॉज़िटिव एक नेगेटिव। अल्हड़ जी किसी कवि को जमते देखकर प्रसन्न होते थे, हरिओम ईर्ष्या से राख हो जाते थे।

ईर्ष्या से अतिबिम्बित चेहरा

मद्रास में एक साथ लगे हुए दो कार्यक्रम थे। चार फरवरी को बेकल नाइट और पांच फरवरी को काका नाइट। मैं तो कविसम्मेलनों का कवि था नहीं, फिर भी मेरी कविता जम गई तो दोनों कवियों पर अलग-अलग प्रभाव पड़ा। हरिओम बेचैन का ईर्ष्या से अतिबिम्बित चेहरा मुझे आज तक याद है। मुझे याद है उनका वो कथन जो सुनने में ऊपर से तो अच्छा था लेकिन आंतरिक सद्भावना से शून्य।

उन्होंने अल्हड़ जी से कहा– 'अशोक एक गंभीर कवि है, इसने अपनी कविता सुनाने से पहले श्रोताओं को हंसाने की जो कोशिश की थी वो ठीक नहीं थी। इसे हास्य के क्षेत्र में नहीं आना चाहिए। गंभीर कविताएं सुनाए, वही ठीक रहेगा।'

अल्हड़ जी ने प्रतिरोध किया– 'क्या बात कर दी! अपनी जिन टिप्पणियों से अशोक ने हंसाया वे मौलिक थीं और तत्काल की गईं थीं। अच्छा है कि हास्य के क्षेत्र में एक नया कवि आया।'

हरिओम बिगड़ गए– 'आज तो चलो ख़ैर हंसा दिया, कोई बात नहीं, कल काका नाइट में अपनी वो कविताएं सुनाना जो उत्तरार्द्ध जैसी पत्रिकाओं में छपती हैं। जो तुमने रेल में सुनाई थीं। हास्य की कविताएं तो सभी सुनाएंगे।'

मैंने चिढ़े कवि को कुढ़े अंदाज़ में उत्तर दिया– 'बंधुवर मेरे पास हास्य की कोई कविता है ही नहीं, चिंता न करिए।'

अल्हड़ जी ने कहा– 'कल का पूरा दिन है। मुझे उम्मीद है अशोक शाम के लिए छोटी-छोटी एक दो हास्य कविताएं ज़रूर लिख लेंगे।'

मैं, एक जैसे चौख़ाने की कमीज़ पहने हुए उन दोनों कवियों को विस्मय से निहार रहा था। अल्हड़ जी ठीक थे। मैंने पांच फरवरी को दो हास्य-व्यंग्य कविताएं लिखीं– 'डैमोक्रैसी' और 'कुत्ता-नीति'। मंच का तत्कालीन सम्प्रेषणधर्म मुझे चार फरवरी को समझ में आ चुका था। पांच फरवरी को ये दोनों कविताएं श्रोताओं ने पसंद कीं। मैं एक मंजे हुए मंचीय कवि की तरह स्वीकार कर लिया गया। सबने सराहा पर हरिओम जी ने नहीं।

हरे रंग की स्याही का पत्र

उसी रात अल्हड़ जी ने एक पत्र जयपुर कविसम्मेलन के आयोजक श्री विश्वम्भर मोदी को लिखा। पत्र की इबारत तो मुझे पूरी तरह याद नहीं लेकिन ये याद है कि हरे रंग की स्याही से लिखा गया था। उसमें मेरी कुछ ज़्यादा ही तारीफ़ थी। अल्हड़ जी ने यहां तक लिख दिया था कि इस बार मैं जयपुर नहीं आऊंगा, मेरी जगह अशोक चक्रधर आएंगे। अल्हड़ जी के इस उदार प्रोत्साहन से मैं अभिभूत हो गया। पत्र देखकर हरिओम का चेहरा मसान का भूत हो गया।

अठहत्तर के बाद अल्हड़ जी के साथ अपने सत्संग की श्यामकहानी कभी आगे बताऊंगा, फिलहाल पांच फरवरी अठहत्तर को डैमोक्रैसी शीर्षक से जो कविता मैंने लिखी थी, और अल्हड़ जी जिसके पहले श्रोता थे, उसका प्रारंभिक अंश पेश करता हूं–

एकाएक मंत्री जी
कोई बात सोचकर मुस्कुराए,
कुछ नए से भाव

उनके चेहरे पर आए।
उन्होंने अपने पी॰ए॰ से पूछा–
क्यों भई, ये डैमोक्रैसी क्या होती है?
पी॰ए॰ कुछ झिझका, सकुचाया, शर्माया।
–बोलो, बोलो, डैमोक्रैसी क्या होती है?
–सर, जहां जनता के लिए
जनता के द्वारा
जनता की
ऐसी-तैसी होती है,
वहीं डैमोक्रैसी होती है।

अर्थ रस के व्यभिचारी भाव

काव्य में रसों की संख्या को लेकर आम सहमति नौ रसों पर रही, पर भरत मुनि के बाद भारत के अन्य मुनि इस संख्या को घटाते-बढ़ाते रहे। हर रस का एक स्थाई भाव होता है जिसके फलने-फूलने और परिपूर्ण होने पर रस परिपक्व होता है। मनुष्य के अंदर एक स्थाई भाव है- 'लालच'। पता नहीं इसकी ओर मुनियों का ध्यान क्यों नहीं गया? इस स्थाई भाव का कोई रस स्थापित ही नहीं किया गया। मुनियों ने इसकी उपेक्षा संभवतः इसलिए की हो कि 'लालच' एक ऐसा स्थाई भाव है जो कभी परिपूर्ण हो ही नहीं सकता। यह भी हो सकता है वे अपनी नैतिकतावादी दृष्टि के कारण मनुष्य को इतना बुरा न दिखाना चाह रहे हों।

रस कितने नैतिक

देखना होगा कि दूसरे रस कितने नैतिक हैं। श्रृंगार रस का स्थाई भाव 'रति' बताया गया, जिसके रहते आज भी बंगले के पीछे और बेरी के नीचे कांटे लगते रहते हैं। वीर रस का स्थाई भाव 'उत्साह' बताकर युद्धों को मान्यता दी गई। रौद्र रस के 'क्रोध' ने भीषणतम परमाणु युद्धों की संभावना के द्वार खोले हुए हैं। वीभत्स रस के स्थाई भाव 'जुगुप्सा' से सिद्ध होता है कि मनुष्य मारकाट के बाद सड़े-गले दुर्गन्धयुक्त पर्यावरण में भी आनंद ले सकता है। अद्भुत रस का 'कौतूहल' उस आनंद की श्रीवृद्धि करता है। भयानक रस का स्थाई भाव 'भय' बताता है कि सब कुछ के बावजूद मनुष्य निहायत ही डरपोक किस्म का प्राणी है। स्थिति यहां तक गंभीर है कि हास्यरस पर रोना आता है और करुण रस पर हंसी। वात्सल्य रस का करिश्मा देखिए कि यह रस संजय-करिश्मा को लेकर कोर्ट पहुंच जाता है।

और भक्ति रस धार्मिक चैनलों से कूद-कूद झर रहा है और शांत रस की शांति हर रहा है।

आर्थिक उदारीकरण के इस युग में अर्थ रस, अर्थात् धन-संपत्ति से उत्पन्न होने वाले रस पर विमर्श होना चाहिए, जिसका स्थाई भाव है 'लालच'। जैसे ही पैसा दिखाई देता है, चाहे यार से मिला हो या पगार से, नैतिकता से मिला हो या व्यभिचार से, रस देता है, आनंद देता है। यह 'लालच' ही है जो मनुष्य की सारी कामनाओं के मूल में एक अनंत हॉर्सपावर की मोटर के समान निरंतर घूमता रहता है। फिर इसको मुनियों ने क्यों नहीं माना?

माना कि इस रस में स्थाई भाव से ज्यादा महत्व संचारी भावों का है। संचारी भाव या व्यभिचारी भाव, जो पल-पल पर बदलते हैं, आते-जाते रहते हैं। शास्त्रकारों ने इनकी संख्या तेतीस बताई है।

इज़राइल के रास्ते अमेरिका

उदाहरण स्वरूप मैं अपनी एक विदेश-यात्रा का प्रसंग बताता हूं। अमेरिका में ह्यूस्टन शहर के श्री हरि दयाल ने मुझे अंतर्राष्ट्रीय हिंदी समिति के आयोजनों में 1993 में पहली बार सुना था। वे मुग्ध हुए थे और चाहते थे कि ऐसे स्वस्थ, सुंदर, सस्ते और टिकाऊ कार्यक्रम वे स्वयं भी आयोजित करें। सारा अर्थरस अंतर्राष्ट्रीय हिंदी समिति क्यों ले, कुछ अर्थरस उनकी संस्था भी ले सकती है। उन्होंने सितम्बर सन् 1997 में इंडो-अमेरिकन एसोसिएशन के तहत कार्यक्रमों की एक शृंखला प्रस्तावित की।

उन्होंने पूछा- 'अब तक आप अमेरिका वाया जर्मनी या लंदन आते रहे हैं, क्या कभी इज़राइल के रास्ते आए हैं? मैंने कहा-'नहीं।' वे बोले- 'अरे! फिर तो आपने महान तीर्थस्थल जेरूसलम भी नहीं देखा होगा!' मैं निराश स्वर में बोला- 'जी, नहीं देखा! वहां भारतीय बहुत कम हैं। हिंदी वहां है नहीं। कविसम्मेलन कभी होंगे नहीं, इसलिए संभावना भी नहीं है कि इस जनम में वहां जा पाएं।' वे उल्लसित हुए- 'मायूस न हों! आपकी कामना पूरी हो सकती है। इन महान सभ्यताओं को आप देखने से आप वंचित नहीं रहेंगे, अगर एअर इज़राइल से आएं।'

पता चला कि एअर इज़राइल की टिकिट दूसरी उड़ानों से बीस हज़ार रुपए कम में आती है। यानी दयाल साहब ने अर्थरस लिया। हम भी प्रसन्न क्योंकि जेरूसलम में जो आनंद मिलने वाला था वह पर्याप्त से अधिक था। मेरे साथ दो कवि-बंधु और थे- श्री प्रदीप चौबे और डॉ. विष्णु सक्सेना। दोनों की यह पहली अमेरिका यात्रा थी।

अमेरिका तक इस वायु सेवा से प्राय: लोग नहीं जाते थे। उस विमान में हम तीन कवियों के अतिरिक्त जितने भारतीय थे उनमें से एक को भी अमेरिका नहीं जाना था। वे सभी मजदूर थे और बस इज़राइल तक जा रहे थे। राजगीर, मिस्त्री, बढ़ई, लोहार, प्लंबर वगैरा। हम तीनों ने फार्म भरने में, सामान रखने में

और पेटी बांधने तक में उन लोगों की मदद की। वे बेचारे भी अर्थरस की खोज में घर छोड़ कर निकले थे। विमान में सहमे-सहमे, डरे-डरे, सकुचाए-सकुचाए, सिकुड़े-सिकुड़े से बैठे थे। कस्बाती पसीने की महक पूरे केबिन में फैली हुई थी। परिचारिकाएं आते-जाते नाक सिकोड़ रही थीं। कोई स्नेहसिक्त मुस्कान उनके चेहरे पर नहीं थी, जैसी कि उन्हें अपने यात्रियों के लिए लानी चाहिए थी। लेकिन हमारे चेहरों पर परोपकार की प्रसन्नता थी।

खिड़की वाली सीट पर प्रदीप चौबे, मैं आयल सीट पर और विष्णु घायल सीट पर। बीच वाला व्यक्ति अगल-बगल की कोहनियों से घायल सा ही रहता है। भोजन से पहले वारुणि घुमाई गई। मैंने रेड वाइन का एक गिलास लिया, प्रदीपजी ने व्हिस्की चाही। विष्णु पीते नहीं थे लेकिन प्रदीप जी के इशारे पर परिचारिका को मना नहीं किया। चौबेजी ने अपना चढा़या फिर विष्णु के गिलास को भी उपकृत किया। पर उतनी भर से भला क्या होना था? कॉल-बटन दबाकर परिचारिका को बुलाया तो उसकी हिकारती दृष्टि ने कहा- 'भिखमंगो, नदीदो, शर्म नहीं आती! ज़िंदगी में कभी पहले भी पी है, वाइन-स्कॉच?' मुख से बोली- 'आफ्टर मील्ज़', और चली गई। मैंने प्रदीप से कहा 'डिअर, हम अगर लुफ्थांसा, युनाइटेड, ब्रिटिश एअरवेज़ या किसी और शानदार एअरलाइन्स में होते तो हमारी याचक भावनाओं की ऐसी दुर्गति नहीं होती। कम किराए वाली फ्लाइट थी। अर्थ रस दयाल साहब ले चुके हैं, हम क्यों व्यर्थ रस में उलझते।

खैर, भोजन आने से पहले मैं टॉयलेट अर्थात् प्रसाधन कक्ष में गया और जैसे ही महाआराम सीट पर बैठा, मुझे नीचे पड़ा हुआ एक बटुआ दिखाई दिया। अकेला बंद प्रसाधन कक्ष, वहां मुझे कौन रोकता कि मैं उठाकर न देखूं। बस यहीं से अर्थरस के स्थाई भाव लालच ने अंगड़ाई ली और संचारी-व्यभिचारी भावों का आना शुरू हो गया।

बारी-बारी तेतीस व्यभिचारी

(1) **औत्सुक्यः** किसका है ये बटुआ?
(2) **आवेगः** जल्दी देखा जाए कि बटुए में क्या है?
(3) **अलसताः** क्यों देखें? ये तो किसी और का है।
(4) **श्रम** : बटुआ उठाया, डॉलर निकालकर गिने- सोलह सौ।
(5) **धृति** : धैर्यपूर्वक देखा, इज़राइली नागरिक, तीन-चार क्रेडिट कार्ड, एक आयडेण्टिटी कार्ड, बीवी अथवा प्रेमिका का फ़ोटो, कुछ डाक टिकिट।
(6) **हर्ष** : सोलह सौ डॉलर यानी पचास हज़ार रुपए से ऊपर
(7) **मति** : लेकिन तेरे थोड़े ही हैं!

(8) **स्वप्न** : उसे वापस मिलें तो कितना खुश होगा!

(9) **जड़ता** : अरे, मेरे हाथ में किसी दूसरे का बटुआ!

(10) **चपलता** : पर्स छोड़ दे और डॉलर निकाल ले अशोक!

(11) **शंका** : बटुए का स्वामी दरवाज़े पर ही खड़ा होगा।

(12) **चिन्ता** : यहीं छोड़ दे वरना चोरी का आरोप लगेगा बच्चू!

(13) **उग्रता** : किसकी हिम्मत जो आरोप लगाए!

(14) **मरण** : इसके बिना मर लेगा वो इज़राइली।

(15) **निद्रा** : हफ्तों नींद नहीं आएगी उसे।

(16) **स्मृति** : लौटा दिया तो ज़िन्दगी भर याद रखेगा।

(17) **अमर्ष** : अन्यथा उसे असहनीय कष्ट होगा।

(18) **अपस्मार** : तुझे क्या?

(19) **व्याधि** : तुझे क्यों नहीं!!

(20) **वितर्क** : कोई फिलिस्तीनी होता तो न लौटाता।

(21) **असूया** : मैं तो भारतीय हूं!

(22) **उन्माद** : क्या किया जाए?

(23) **अवहित्था** : कहीं छिपाया जा सकता है क्या?

(24) **त्रास** : तेरा पर्स उसे मिलता तो!

(25) **मद** : लौटा दिया तो वाहवाही मिलेगी।

(26) **विषाद** : हाय रे, हाथ से जा रहे हैं सोलह सौ।

(27) **लज्जा** : शर्माता क्यों है?

(28) **मोह** : रख ले फोकट के सोलह सौ डॉलर

(29) **ग्लानि** : धिक्कार है अशोक चक्रधर!

(30) **दैन्य** : तरस आता है, तेरी सोच पर!

(31) **विबोध**: अशोक चक्रधर! तू ऐसा कभी नहीं कर सकता।

(32) **गर्व** : पर्स लौटा कर महान बन जा।

(33) **निर्वेद** : मूर्ख! किस बात का गर्व!

प्रदीप जी का कोमल हृदय

रस परिपक्व नहीं हो पाया। मैं सीधा किचन एरिया की तरफ गया। वही परिचारिका खड़ी थी जिसने हमें और दारू देने के लिए मना किया था। मैंने उससे अंग्रेज़ी में कहा- 'ये बटुआ टॉयलेट में मिला है। यात्री का नाम क्रेडिट कार्ड पर है। आप उसे खोजें और उसे दे दें। हां, इसमें सोलह सौ डॉलर हैं।' यह मैंने इसलिए बताया कि कहीं परिचारिका में अर्थरस जाग गया तो वह यात्री सोचेगा कि धन मैंने निकाल लिया।

बटुआ सौंपने के बाद मैं अपनी किनारे वाली सीट पर आ बैठा और हम तीनों में बहस छिड़ गई। प्रदीप जी दो पैग पीने के बाद मुझे डांट रहे थे- 'अशोक जी, ग़लत किया आपने। आई हुई लक्ष्मी को ऐसे कोई जाने देता है!' श्रृंगार का कवि विष्णु बोला- 'अपनी प्रियतमा का फोटो खोने से वो बहुत दुःखी होता भाई साहब।' प्रदीप जी ठरक लेने लगे- 'मैं होता तो फोटो विष्णु को देता, नोटों को जेब में रखता, क्रेडिट कार्ड आपको देता और पर्स रहता वहीं का वहीं।'

मैं ख़ामख़ां गम्भीर हो गया- 'महाराज, आप भी मेरी ही गति को प्राप्त होते। आप एक कवि हैं, जनता से जुड़े हुए हैं, मैं आपके हृदय को जानता हूं। मैं दावे के साथ कह सकता हूं कि आपके अंदर अंर्तद्वंद्व तो ज़रूर होता, कामना तो ज़रूर जागती एक बार, लेकिन आप ऐसा कर ही नहीं सकते थे, क्योंकि आप प्रदीप चौबे हैं, क्योंकि आप कविताएं लिखते हैं। बहुत मुश्किल है किसी सहृदय कवि के लिए ऐसा करना।'

अचानक प्रदीप रोने लगे- 'ठीक कह रहे हैं अशोक जी! आप मेरा कोमल हृदय पहचानते हैं।' दारू आंखों के रास्ते टपक रही थी बूंद-बूंद।

थैंक्यू थैंक्यू थैंक्यू!

तभी विष्णु ने मुझे कोहनी मारी और इशारे से बाईं ओर देखने को कहा। एक हट्टा-कट्टा स्वस्थ युवक मेरी ओर देख रहा था। परिचारिका भी खड़ी थी। वह युवक को बता चुकी थी कि पर्स मैंने लौटाया है। युवक की आंखें छलछला रही थीं। वह कुछ बोल नहीं पा रहा था। उसने मेरा बायां कंधा कृतज्ञता के ज़ोर से दबाया। उसके हाथ से आवाज़ आ रही थी- थैंक्यू थैंक्यू थैंक्यू! मैं मुस्कराया और मैंने उसका हाथ थपथपाया। उसने आंखें पोंछीं और बिना एक भी शब्द बोले चला गया। परिचारिका के चेहरे पर एक स्नेहिल दैवीय आभा दिखाई दी। मैं अचानक इतना बड़ा हो गया था कि मुझे अपने आप पर संकोच होने लगा। ऐसा भी क्या है, ये तो एक नागरिक कर्तव्य है जो किसी को भी करना चाहिए।

प्रदीप चौबे मेरा अचानक इतना महान हो जाना पचा नहीं पा रहे थे। लेकिन कुछ ही पल बाद वे परम प्रसन्न हो गए क्योंकि परिचारिका विभिन्न प्रकार की दारुओं की मिनिएचर शीशियों से लबरेज़ ट्रे लेकर आई। बाद में उसने ममत्व भाव से भोजन परोसा। यात्रा आनंदपूर्ण रही।

मैं सोच रहा हूं कि अर्थ रस को हमारे मुनियों ने इसीलिए रस नहीं माना कि कमबख़्त निष्पत्ति से पहले ही बिखर जाता है। हम अर्थ से चालीस हज़ार फीट की ऊंचाई पर थे और चालीस हज़ार फीट की ऊंचाई पर रहने के बावजूद हम अर्थ से कितने ऊपर थे नहीं मालूम।

आई कविताई की बाढ़

भारतवर्ष में कविसम्मेलन और मुशायरे ख़ूब होते हैं। मंच से कविता सुनाने वाले कवियों और सुनने वालों की संख्या का सानुपातिक आंकड़ा निकाला जाए तो हमारा देश विश्व में सबसे ऊपर होगा। लोग कविता सुनने के शौकीन हैं। ऋतुओं की मार की परवाह किए बिना रात-रातभर कविताएं सुनते हैं, सराहते हैं और कवियों शायरों को दिल से चाहते हैं। कवि शायर मगन रहते हैं लेकिन कभी-कभी कराहते हैं।

कविसम्मेलनों के सत और असत पक्ष क्या हैं, कहां राहत है, कहां चाहत है, कहां विरासत को आगे बढ़ाने का मज़ा है और कहां कवि सांसत में आ जाता है, इनकी बड़ी मार्मिक और चार्मिक अंतर्कथाएं हैं। प्रत्येक कविसम्मेलन जीवन और मरण के बीच के किसी बिंदु का कोई न कोई नया संस्मरण दे जाता है।

कवियों को मिला घनत्वपूर्ण महत्व

सन् दो हजार चार के मध्य से एक बहुत अच्छी बात हुई है कि इलैक्ट्रॉनिक और प्रिंट मीडिया ने लगभग दस साल बाद मंच की कविता और कवियों को घनत्वपूर्ण महत्व देना प्रारंभ किया है। 'वाह-वाह', 'अर्ज़ किया है' और 'चकल्लस' जैसे नियमित कार्यक्रमों ने कविता के श्रोताओं की संख्या में बेइन्तिहा इज़ाफ़ा किया है। बड़े-बड़े शहरों में विभिन्न क्षेत्रीय समाचार-पत्रों ने भी स्थान-स्थान पर कविसम्मेलन श्रृंखलाएं आयोजित करके मंच की कविता को पुनर्जीवन प्रदान किया है। मीडिया के इस स्फूर्तिवान प्रोत्साहन से न केवल श्रोता बढ़े हैं, बल्कि सरल, सहज, सम्प्रेषणधर्मी कविताएं लिखने वाले कवियों की एक लहलहाती हुई फसल तैयार हुई है।

इस फसल को कौन काटेगा? कौन दाने निकालेगा? क्या यह सिर्फ कटकर रह जाएगी अथवा हमारे देश के लिए एक स्वस्थ सांस्कृतिक, साहित्यिक व्यंजनों

में रूपांतरित होगी? यह एक ताज़ा सवाल है। और इस सवाल से जुड़े हुए और भी सवाल हैं जो इस विधा के अनुभवी रचनाकारों से एक संजीदा सामाजिक दायित्वपूर्ण और सकर्मक उत्तर की मांग करते हैं।

मंच पर आने की ललक

मुझे ये नए-नए और सद्योजात कवि विभिन्न विश्वविद्यालयों और संस्थाओं के विभिन्न संकायों, छात्रावासों के सांस्कृतिक समारोहों में मिलते हैं। इनकी आंखों में नए ज़माने की दीप्ति, विरासत को जानने की तमन्ना, सीखने की इच्छा, संशोधन की कामना और मंच पर आने की ललक होती है। ऐसे कितने ही नौजवानों से मैं काफ़ी अरसे से मिलता आ रहा हूं।

प्रसिद्धि का प्रसाद हर किसी को नहीं मिल पाता। जिनको मिलता है वे अचानक समझ नहीं पाते कि कैसे मिल गया। जिनको नहीं मिलता वे कुंठित हो जाते हैं कि क्यों नहीं मिला। सोचते नहीं हैं कि कैसे नहीं मिला। अब तो इन नवोदित कवियों की संख्या गुणात्मक तरीके से बढ़ रही है। कहां हैं वे लोग जो इनसे संवाद करें? मंच पर जाने वाले कवियों के पास क्या इतना समय है कि मंच पर आने की कामना रखने वाले इन कवियों को मंच पदार्पणपूर्व संवाद का एक मंच प्रदान कर सकें।

कलात्मक इच्छाएं गुनगुनाने लगी हैं

संगीत के क्षेत्र में 'इंडियन आयडल', 'अंताक्षरी' और 'सारेगामा', नृत्य के क्षेत्र में 'वूगी-वूगी' और पश्चिमी नृत्य के टीवी कार्यक्रमों ने संगीत-नृत्य-ज्ञान के जन-प्रसार का महत्वपूर्ण कार्य किया है। नई पीढ़ी के बालकों ने इन कार्यक्रमों के ज़रिए, देखते-देखते ही अच्छाख़ासा अनुभवजन्य लय-ताल ज्ञान अर्जित कर लिया है। नई पीढ़ी में पौपुलर कल्चर की कलात्मक इच्छाएं व्यापक स्तर पर गुनगुनाने लगी हैं, थिरकने लगी हैं, स्वयं को संवारने लगी हैं। कविता के क्षेत्र में मामला सिर्फ नई पीढ़ी तक सीमित नहीं है। अस्सी साल के बुजुर्गों में भी कविताएं अचानक हिलोरें मारने लगी हैं।

माना कि कवियाए हुए उदीयमानों की संख्या संगीताए हुए लोगों से बेहद कम है फिर भी है तो सही। संगीत पर आधारित कार्यक्रमों में चूंकि स्वयं की श्रेष्ठता सिद्ध करने के लिए प्रतियोगिताएं रहती हैं, इसलिए संगीत-शिक्षा की ओर आकर्षण बढ़ा है। गली-गली में इंडियन और वैस्टर्न म्यूजिक के संस्थान खुल गए हैं, दुकानें चल रही हैं। कविता की शिक्षा का बंदोबस्त कहीं नहीं है।

देखा जाए तो संसारभर में ऐसा कोई संस्थान अथवा विश्वविद्यालय है ही नहीं जो कविता लिखने की ट्रेनिंग देता हो। कविता क्या होती है? कविता की

व्याख्या कैसे की जाए? यह तो सब जगह पढ़ाया जाता है लेकिन तुम कविता कैसे लिख सकते हो, स्वयं को कवि कैसे बना सकते हो, ऐसे संस्थागत प्रयत्न न के बराबर हैं।

जितने मनुष्य हैं वे सब कवि हैं

मुद्दा बहस का है। कुछ लोग मानते हैं कि कविता जन्मजात प्रतिभा से होती है। सिखाई नहीं जा सकती। काव्यात्मक कलात्मक अभिव्यक्ति हर किसी के बसकी बात नहीं। मेरा मानना इससे उल्टा है। जहां भी मौका मिलता है, मैं कहता हूं कि इस धरती पर जितने मनुष्य हैं वे सब के सब कवि हैं, क्योंकि उनके अंदर भावना है, कल्पना है, बुद्धि है और ज़िंदगी का कोई न कोई मकसद है। इन चार चीज़ों के अलावा कविता को और चाहिए भी क्या।

प्रेम के घनीभूत क्षणों में निरक्षर, निर्बुद्ध और कलाविहीन व्यक्ति भी पल दो पल के लिए ही सही, शायर हो जाता है। अभिव्यक्ति का कोई न कोई नयापन हर मनुष्य संसार को देकर जाता है। अभिव्यक्ति का नयापन ही कविता होती है। इससे आगे मेरा मानना है कि उस नएपन को मांजा और तराशा भी जा सकता है।

मेरे ख़्याल से आप मुझसे सहमत होंगे कि भले ही सुर में न गाता हो पर हर मनुष्य गायक है। इसी आधार पर आप मेरी इस धारणा पर भी अपने समर्थन की मोहर लगा दीजिए कि भले ही कविता के प्रतिमानों और छंदानुशासन का ज्ञान न रखता हो पर हर मनुष्य कवि है। जिस तरह संगीत का शास्त्रीय ज्ञान बहुत कम लोगों को हो पाता है उसी प्रकार कविता का भी। संगीत की अच्छी प्रस्तुति के लिए सुरों का न्यूनतम ज्ञान और रियाज़ ज़रूरी है इसी तरह न्यूनतम शास्त्र ज्ञान और अभ्यास से प्रस्तुति लायक कविता भी गढ़ी जा सकती है।

जीवन से कितना सरोकार

तथाकथित महान साहित्यकार मंच की कविता को कविता मानते ही नहीं हैं। उनसे बहस में नहीं उलझना चाहता। मंच की कविता को पूर्ण कविता मैं भी नहीं मानता, लेकिन जिसे वे पूर्ण कविता सिद्ध करना चाहते हैं, वह कविता पूर्ण कविता हो, ये भी नहीं मानता। शास्त्रीय कविता सार्वकालिक होती है। हर युग में याद की जाती है। उसकी सरलता या जटिलता मायने नहीं रखती, मायने यह बात रखती है कि उसका अपने युग और जीवन से कितना सरोकार है। दूसरी बात, हंसाना कोई पाप तो नहीं। साहित्यकारों का एक बड़ा वर्ग ऐसा भी है जो हंसाने वाले काव्यात्मक प्रयत्नों को कविता के घेरे में घुसने ही नहीं देता। चलिए, उनसे भी कैसा शिकवा!

इस समय समस्या तो ये है कि तुकबंदी अथवा बंदतुकी के अनेक प्रकारों में स्वयं को कविता के रूप में पहचाने जाने के लिए जो फसल दिख रही है उसके लिए क्या किया जाए। खाद कहां से लाई जाए? पानी कहां से जुटाया जाए? खरपतवार कैसे निकाली जाए? कविता की बालियों को भ्रांतिमान अलंकारों के टिड्डों से कैसे बचाया जाए? बाज़ारवादी इस युग में उसकी पैंठ कहां लगे? आढ़तियों के बिना गुज़ारा भी नहीं है, पर कविता के गल्लेबाज़ों से नए किसानों के हितों की रक्षा कैसे की जाए।

नई स्थितियों से पैदा हुए ये नए सवाल हैं। 'वाह-वाह' कार्यक्रम के दौरान मैंने एक प्रयोग शुरू किया था। सम्मिलित तीन कवियों में से किसी एक कवि की कविता से संदर्भ लेते हुए मैं आमंत्रित श्रोताओं को एक पंक्ति देता था। दूसरी पंक्ति श्रोता बनाते थे। स्टूडियो में पच्चीस-तीस श्रोता होते थे, सबको दूसरी पंक्ति लिखने के लिए एक पर्ची और दस मिनट का समय दिया जाता था।

ढंग के प्रयत्न चार-पांच ही होते थे, लेकिन दूसरी लाइन बनाता हर कोई था। ये तो रही स्टूडियो में आए हुए श्रोताओं की बात। लेकिन मुझे ज्ञात है कि व्यावसायिक अंतराल के समय लाखों दर्शक-श्रोता दूसरी पंक्ति बनाने में स्वयं को खर्च कर रहे होते थे। कितने ही लोगों ने फोन, फैक्स, ई-मेल एवं पत्रों से स्वरचित दूसरी पंक्ति भेजी। कुछ कवि पूरे सप्ताह की समस्यापूर्ति लिखकर भेजते थे।

कविता-प्रतियोगिताएं भी आयोजित हों

तो हे तात! तात्पर्य ये हुआ कि हिंदी, उर्दू और हमारे हिंदी प्रदेशों की लोक-भाषाओं में कविताई की बाढ़ आई हुई है। अभी ये सबको दिखाई नहीं दे रही। दिखाई देने लगेगी अगर संगीत के प्रतियोगिताधर्मी कार्यक्रमों के समान इलैक्ट्रॉनिक मीडिया कविता-प्रतियोगिताएं भी आयोजित कराने लगे।

हे मंचीय जमउअल कवियो! हे वाचिक-परंपरा को प्यार करने वाले काव्यशास्त्रियो! कविता की बाढ़ के पानी की रवानी और जवानी की जय-जयकार करने का वक्त आ गया है। कविसम्मेलनी कविता यदि शुद्ध कविता नहीं भी मानी जाती है तो उसे रूपंकर कलाओं का अंग मानते हुए नयों का स्वागत करो।

मैंने कहीं पढ़ा था कि संगीत मनुष्य को बेहतर मनुष्य बनाता है। मुझे लग रहा है कि कविता की रचना उसे बेहतरतर मनुष्य बनाएगी। हां, कविसम्मेलन मंच के सत और असत को निःसंकोच सामने लाया जाए। व्यापक स्तर पर संवाद सजाया जाए। कविता के औज़ार से यत्र-तत्र सोई हुई मनुष्यता को जगाया जाए।

जाहिर है जिनके कमज़ोर कंधे हैं वे भारी ज़िम्मेदारी से बचेंगे। जिनको स्वयं पर आश्वस्ति नहीं होगी वे नवागंतुकों से जलेंगे। जिन्हें अपनी दुकान उजड़ने का

ख़तरा होगा उन्हें नए लोग खलेंगे। ऐसे लोगों को महान मानते हुए उनके प्रति संबोधन बदल लेने चाहिए।

तुम भी जल थे, हम भी जल थे
इतने घुले मिले थे
कि एक दूसरे से जलते न थे।

न तुम खल थे, न हम खल थे
इतने खुले खुले थे
कि एक दूसरे को खलते न थे।

अचानक हम तुम्हें खलने लगे
तो तुम हमसे जलने लगे
तुम जल से भाप हो गए
और 'तुम' से 'आप' हो गए।

❑